RECUEIL DE RAPPORTS

SUR

LES PROGRÈS DES LETTRES ET DES SCIENCES

EN FRANCE.

PARIS.

LIBRAIRIE DE L. HACHETTE ET CIE,

BOULEVARD SAINT-GERMAIN, N° 77.

RECUEIL DE RAPPORTS

SUR

LES PROGRÈS DES LETTRES ET DES SCIENCES

EN FRANCE.

————————◆————————

RAPPORT SUR LES PROGRÈS

DE L'HYGIÈNE MILITAIRE,

PAR

M. MICHEL LÉVY,

DIRECTEUR DE L'ÉCOLE IMPÉRIALE D'APPLICATION
DE MÉDECINE ET DE PHARMACIE MILITAIRES.

———

PUBLICATION FAITE SOUS LES AUSPICES
DU MINISTÈRE DE L'INSTRUCTION PUBLIQUE.

PARIS.

IMPRIMÉ PAR AUTORISATION DE SON EXC. LE GARDE DES SCEAUX

A L'IMPRIMERIE IMPÉRIALE.

———

M DCCC LXVII.

C.

RAPPORT SUR LES PROGRÈS

ACCOMPLIS

DANS L'HYGIÈNE MILITAIRE

EN FRANCE.

I

L'hygiène militaire repose sur les mêmes principes que l'hygiène générale, et lui emprunte une partie de ses données pratiques; mais elle a ses questions originales, son domaine propre d'observation et d'induction; elle exige une expérience spéciale qui pénètre dans tous les détails de la vie des soldats en temps de paix et en temps de guerre. On prévoit que, tributaire des sciences dont se compose l'encyclopédie médicale, elle a dû créer ou rencontrer des occasions d'études nouvelles, soulever ou résoudre des problèmes qui ne se présentent pas au médecin civil ou ne sollicitent point ses investigations. La plupart des praticiens ne dépassent point, dans la récolte et la méditation des faits scientifiques, l'horizon de leur clientèle, les limites du canton, du département où ils pratiquent. Le médecin militaire, dans sa vie de pérégrination et dans les conseils de révision, est appelé à comparer les éléments variés des populations, les types qui dénotent les races ou procèdent de leurs mélanges, les nuances souvent très-prononcées qui marquent les divers climats d'un vaste pays comme le nôtre, ceux de nos colonies et de nos possessions lointaines, depuis l'Algérie jusqu'à la Cochinchine. Si la guerre le porte en Turquie, en Bulgarie, en Crimée ou sur les plateaux élevés du Mexique en passant par les terres chaudes et marécageuses qui recèlent le foyer permanent de la fièvre jaune, autres spectacles, autres épreuves, et partout, sous ses faces variées, la grande question de l'acclimatement, qui résume l'anthropologie et gouverne l'hygiène, sollicite son attention et l'invite, avec ses confrères de la marine, à la récolte des matériaux nécessaires à une solution dont dépendent les entreprises de la politique.

Le choix des soldats dans des limites d'âge et dans des conditions de constitution déterminées par la loi, l'identité des influences morales et matérielles qu'ils ont à subir, l'uniformité de leur régime et de leurs exercices, la surveillance régulière et continue des médecins qui les suivent partout, facilitent et simplifient les études de pathologie et de statistique. Chaque garnison, chaque fraction de troupes est en quelque manière un réactif appliqué pendant plusieurs années à l'analyse des causes de maladie inhérentes aux localités où elles résident. Les endémies se révèlent clairement en elles et parfois avec une sorte d'éclat : c'est sur nos soldats que le goître se manifeste sous une forme aiguë dans quelques villes où il règne endémiquement (Clermont-Ferrand, le Puy, Briançon, Annecy); le *tænia* en Syrie, à Bathna. Les observations des médecins militaires ont éclairé l'étiologie, la marche et le mode de propagation des maladies épidémiques les plus graves (choléra, typhus, méningite cérébro-spinale, etc.), la translation de leurs germes par les troupes en marche, leur aptitude à se constituer en foyers, leur atténuation immédiate et leur extinction par l'éparpillement des malades sur de grandes surfaces de terrain bien exposé et le campement espacé des soldats sous les tentes, quand la saison le permet. La réunion, parfois l'agglomération des militaires dans les habitations closes, l'association forcée qui en est la suite et qui substitue la multitude à la famille, la promiscuité atmosphérique qu'elle entraîne et toutes les solidarités miasmatiques qui en dérivent, ont suggéré aux médecins militaires les vues les plus justes sur l'origine et le développement de la fièvre typhoïde, de la phthisie pulmonaire; l'un d'eux, M. Villemin, en pratiquant l'inoculation du tubercule, les a sanctionnées par l'induction expérimentale.

C'est en analysant les substances qui entrent dans le régime du soldat et en tenant compte, d'une part, des proportions de ses aliments, et, d'autre part, de son degré de nutrition et de vigueur, que les chimistes sont parvenus à déterminer la ration d'entretien de l'homme adulte, base actuelle des prévisions administratives pour les approvisionnements de guerre.

L'armée n'est pas seulement un théâtre mobile et toujours nouveau d'observations physiologiques et pathologiques qui concourent à l'avancement de la science; elle est aussi, entre les mains de l'autorité éclairée qui la dirige, un instrument d'amélioration physique, intellectuelle et morale; il suffit de rappeler les mesures de prophylaxie dont elle est l'objet à l'approche des épidémies, les prestations exceptionnelles (vin, café) qu'elle reçoit pendant la saison des chaleurs, l'œuvre continue de sa vaccination et de sa revaccination, les bains de mer et de rivière obligatoires en été, les visites corporelles et individuelles de tous les mois pour la constatation des premiers symptômes de syphilis dissimulée, les exercices gymnastiques, etc. Nulle classe de la population n'est soumise, comme elle, à ces salutaires mesures qui, jointes à beaucoup d'autres, constituent une discipline hygiénique, une méthode d'entraînement aussi favorable à la régularité du fonctionnement de l'organisme qu'à celle de la vie morale. L'instruction rendue obligatoire dans les écoles régimentaires, le chant, la musique, exercent sur l'intelligence du soldat une stimulation non moins heureuse, et, dans les temps d'épreuve, la solidarité des privations et des dangers, les dévouements qu'elle suscite, en tout temps la nécessité d'une règle sévère, font naître et glorifient l'esprit d'abnégation et de sacrifice, qui est l'expression la plus élevée de la civilisation.

Les progrès de l'hygiène militaire sont, à vrai dire, de date assez récente; ce qui s'explique par deux causes. La première est que les vérités hygiéniques suivent, comme tant d'autres vérités, un long itinéraire pour entrer dans la pratique générale; elles se substituent lentement, laborieusement aux erreurs, aux routines, aux traditions. Il n'y a pas longtemps que, dans les casernes et les hôpitaux privés d'un système de ventilation régulière, le cube d'air alloué au soldat sain ou malade oscillait entre 12 et 18 mètres cubes; aujourd'hui, l'Assistance publique de Paris exige 70 à 90 mètres cubes d'air neuf par heure et par lit, 100 mètres cubes par heure pour chaque femme accouchée. Vers le milieu du dernier siècle, Lind trouve le spécifique du scorbut, l'extrait de citrons (lime-juice) dont il indique lui-même la préparation économique et dont l'usage est depuis longues années réglementaire dans la marine britannique. Il a fallu la guerre de Crimée, une formidable épidémie de scorbut sur notre flotte, et une navigation combinée de la marine anglaise et française dans la Baltique, pour assurer à nos navires de guerre une provision réglementaire du précieux préservatif [1]. En second lieu, maints progrès de l'hygiène consistent en des applications des sciences physico-chimiques dont la brillante évolution est une des gloires de notre siècle; dans l'armée, d'ailleurs, elle nécessite le concours de l'administration ou du commandement : les subsistances, l'habillement, le campement, le casernement, les hôpitaux, etc. telle est ici ce que Hallé appelait la matière de l'hygiène. Toutes ces parties du colossal ménage de l'armée ont eu leurs vicissitudes; elles ne se sont perfectionnées qu'à la suite de multiples essais d'organisation qui ne sont pas encore à leur terme. Il existait dans le passé une cause plus générale d'attardement, la constitution historique de l'armée. Que pouvait l'hygiène, à l'époque où chaque capitaine était chargé de pourvoir à l'entretien et à la solde de sa compagnie? Dans le Traité d'hygiène militaire de Co-

---

[1] *Archives de médecine navale,* 1867.

lombier (1775), le premier chapitre est intitulé : *Des différentes espèces de militaires;* l'article 1er: *Des officiers supérieurs et de ceux qui doivent le devenir;* la section 1re : *Des vices de l'éducation physique des enfants de qualité,* etc. » Ces citations jugent l'époque de Colombier et la nôtre : aujourd'hui, le médecin, l'hygiéniste s'adresse à tous les militaires sans distinction d'origine et de position, imitant en cela la sollicitude du Souverain, interprétée par les règlements.

Pour avoir une idée exacte du rôle dévolu à l'hygiène aux armées avant l'époque contemporaine, il suffit de se reporter à quelques documents justement célèbres de la République et du premier Empire, et de les confronter avec ceux de nos jours : l'*Avis sur les moyens de conserver ou de rétablir la santé des troupes à l'armée d'Italie,* an IV; —a servi de base à celui que Coste et Percy ont rédigé sous le titre: *De la santé des troupes à la grande armée*[1], 104 pages, dont 15 de préambule très-érudit, où paraissent Baglivi, Celse, Cicéron, etc. 15 pages de prescriptions hygiéniques, 10 pages consacrées au récit d'expériences sur le chimérique tannage de la plante des pieds pour la convertir en une semelle artificielle, et le reste réservé à la thérapeutique sous la forme d'une controverse assaisonnée de citations et de vues théoriques. Les instructions émanées depuis vingt ans et plus des inspecteurs du service de santé de l'armée suffisent à faire ressortir les progrès accomplis dans l'hygiène militaire, les utiles emprunts qu'elle a faits aux sciences physico-chimiques, les applications non moins salutaires que lui ont suggérées la physiologie expérimentale et l'étude plus approfondie de la nature et de la marche des épidémies. C'est un beau spectacle pour le médecin que le transport de 200,000 hommes des côtes de France et d'Algérie sur le littoral de la Crimée et le rapatriement de ces masses armées, effectué sans catastrophe épidémique, sans aucune importation morbide dans nos cités, voire même dans celles de notre litto-

---

[1] Imprimerie de Levrault. Strasbourg, 1er octobre 1806.

ral; les camps sanitaires dont j'ai conseillé l'établissement sur de
vastes terrains isolés et convertis en lazarets [1], et qui ont procuré
cette merveilleuse immunité, n'ont pas d'exemples dans le passé et
témoignent de la libérale sollicitude d'une administration qui sait
proportionner les moyens au but à atteindre. Des mesures analogues
facilitent en ce moment le rapatriement de notre corps expédition-
naire du Mexique et promettent, à travers de plus grandes distances
et les périls d'une contagion plus énergique, le complet succès de
cette opération.

Parmi les progrès qu'un retour au passé conduit à constater, la
qualité du recrutement actuel de la médecine militaire et le niveau
d'instruction scientifique où s'est élevé ce corps ne sont ni le moins
considérable ni le moins fructueux pour l'armée. On sent, au lan-
gage que tiennent les inspecteurs généraux du premier Empire dans
leurs communications officielles à leurs subordonnés, que les données de l'observation, les résultats de l'expérience antérieure, les
principes de la science, manquent de précision, de solidité; que les
divergences de doctrine et d'interprétation des faits nuisent à la
consistance et à l'autorité des conclusions. Sous la République et
sous l'Empire, des écoles incomplètes ou même absence complète
d'institutions de ce genre, un noviciat trop court, une application
prématurée à l'exercice responsable de l'art. Sous la Restauration
et sous le Gouvernement de juillet, un système d'études tronquées,
interrompues. La création de l'école du service de santé militaire
de Strasbourg (12 juin 1856) et sa coordination avec le Val-de-
Grâce, transformé en école d'application et de spécialité, voilà le
progrès décisif et continu qui, avec l'institution des inspections médicales annuelles dans l'armée (1844), augmente de plus en plus
la valeur professionnelle des praticiens de l'armée et l'efficacité de
leurs initiatives dans les limites d'une compétence respectée.

[1] Instruction du 28 avril 1856 (*Recueil des mémoires de médecine et de chirurgie
militaires.*

II

Nous avons dit ailleurs, en 1845 : « L'hygiène publique, qui est l'auxiliaire du progrès, en est aussi la vérification. — L'hygiène, ou plutôt la civilisation dont elle est une face, se résume en deux mots : moralité, aisance[1]. » L'hygiène militaire a la même signification. Si l'on vient à prouver que la mortalité a diminué depuis vingt ans parmi nos troupes de toutes armes, on peut tenir pour certain qu'elles ont gagné en aisance et en moralité, l'aisance impliquant, pour une population quelconque, non l'abondance, mais simplement la satisfaction de ses besoins réels, sans sortir des limites de la tempérance[2].

Pour les délits dits *de droit commun*, la proportion des condamnations dans l'armée pendant la dernière période quinquennale (de 1861 à 1865) n'a été que de 1.66 sur 1,000 hommes d'effectif. La statistique a signalé depuis longtemps les engagés volontaires et les remplaçants du mode antérieur à la loi de 1855 comme étant les deux éléments les plus faillibles de la population militaire; les chiffres consignés et discutés dans le rapport qui précède le nouveau projet de loi sur l'organisation de l'armée ont conduit aux conclusions suivantes : 1° les engagés volontaires suivant la loi de 1832 et les engagés après libération suivant la loi de 1855 ont été frappés de condamnations dans la plus forte proportion; 2° le second rang sur l'échelle de criminalité militaire est occupé par les remplaçants admis d'après la loi de 1832; 3° les remplaçants administratifs selon la loi de 1855 viennent en troi-

---

[1] *Traité d'hygiène publique et privée*, 4ᵉ édition, t. II, p. 981.

[2] Ce nous est un devoir de remercier ici M. le docteur Ély, l'un de nos médecins militaires les plus instruits et les plus distingués, pour les renseignements et les résultats statistiques pleins d'intérêt qu'il nous a fournis pour ce travail; le nom de M. Ély restera attaché à la *Statistique médicale de l'armée*, dont la publication honore le conseil de santé des armées et l'administration de la guerre.

sième ligne; les jeunes soldats appelés, en quatrième ligne; et, enfin,
le minimum de condamnations a été fourni par les rengagés, qui
figurent au nombre de 98,992 dans l'effectif de l'année 1865. Ainsi,
ajoute le rapport, la loi de 1855 a introduit dans l'armée deux
catégories de militaires, les rengagés et les remplaçants par la voie
administrative, formant un total de 150,000 hommes, dont la con-
duite laisse le moins à désirer.

Sur la mortalité dans l'armée, les données générales et authen-
tiques font défaut dans le passé, et c'est encore un progrès de notre
époque, non le moins fécond pour l'avenir, que l'institution d'un
bureau de statistique médicale près le conseil de santé de la guerre
qui le dirige. Ce bureau a déjà fait ses preuves par la publication
de plusieurs volumes et a fourni les bases du remarquable rapport
de Son Exc. le maréchal Randon à S. M. l'Empereur, en date du
1er octobre 1864. Il existe pourtant quelques renseignements qui
permettent de préciser la comparaison de la mortalité militaire de
nos jours avec celle d'il y a vingt et quarante ans. Pendant la
période de 1820 à 1826, l'infanterie, prise isolément, a perdu
19.4 pour 1,000 hommes[1]. En 1822 et 1823, d'après un rapport
officiel[2], la mortalité pour toute l'armée s'élevait à 28 pour 1,000.
En 1846[3], le général Paixhans l'évaluait, à l'intérieur, à 19
pour 1,000. Enfin, M. Boudin a puisé dans les documents officiels
les chiffres suivants :

Années.	A l'intérieur.	En Algérie.	Au total.
1842	24.6	79.0	35.0
1843	20.4	74.0	32.2
1844	15.6	54.0	24.6
1845	14.8	50.0	23.2
1846	17.6	62.5	34.8

Franchissons une période de vingt ans, et voici les chiffres de la

[1] Benoiston de Châteauneuf, *Annales d'hygiène et de médecine légale,* 1833, t. X.

[2] *Recueil des mémoires de médecine et de chirurgie militaires* t. LXIV.

[3] *Moniteur* du 2 avril 1846.

mortalité actuelle de l'armée en France, en Algérie et en Italie
(avant l'évacuation de Rome); avec celui qui les a laborieusement
établis, nous pouvons dire qu'ils sont plus éloquents que tous les
commentaires :

Années.	A l'intérieur.	En Algérie.	En Italie.	Au total.
1862	9.4	12.2	17.7	10.14
1863	9.2	12.3	17.9	10.0
1864	9.0	21.3	13.0	11.3
1865	11.8	16.3	9.3	12.6

Ainsi, ajoute l'auteur de cette statistique, malgré la guerre, malgré les épidémies et l'appoint considérable de la mortalité en Italie,
la différence est aujourd'hui dans le rapport de 12 à 34. — Encore ce chiffre de 12.6 pour l'année 1865 est-il enflé par l'épidémie cholérique, comme celui de 11.3 pour l'année 1864 l'est
par les décès accidentels de guerre pendant l'insurrection du sud
de l'Algérie. Déduction faite des effets de ces deux causes d'accroissement obituaire, la proportion descend pour 1864 à 10.12, et
pour 1865 à 10.88. Si l'on admet que la mortalité normale de
l'armée se doit calculer en dehors des ravages épidémiques et sur
les régiments qui, stationnés à l'intérieur, n'ont à recevoir d'aucun
détachement d'outre-mer une longue série de valétudinaires et de
malingres, la proportion s'abaisse davantage et n'est plus, en 1865,
que de 9.88 pour 1,000 hommes, c'est-à-dire moitié moindre qu'en
1846. En Algérie, où le général Paixhans dénonçait une mortalité de 64 pour 1,000, elle est aujourd'hui et dans les années
normales (1862, 1863) d'un peu plus de 12 : différence comme
1 est à 5.

Les chiffres des admissions aux hôpitaux d'Afrique ne sont pas
moins expressifs. Nous reproduisons le tableau suivant dont les
données sont empruntées à la statistique médicale de l'armée et
aux tableaux de la situation des établissements français en Algérie;
il met en évidence un magnifique progrès accompli en vingt ans sur

cette terre, désormais française, où l'on a contesté l'acclimatement de notre race :

Années.	Effectif.	Entrés aux hôpitaux.	Proportion.
1842	80,000 hommes.	112,000	1,400 p. 1,000.
1843	80,000	96,000	1,200
1862	54,000	22,000	407
1863	54,000	27,500	512

L'année de guerre 1864 donne la proportion 562, et l'année de choléra 1865, celle de 536.

A l'intérieur, le nombre quotidien de soldats malades aux hôpitaux en 1847 était de 45.5 pour 1,000 ; à dix-huit ans d'intervalle (1865), il n'est plus que de 25 pour 1,000, malgré le règne du choléra. Une diminution parallèle devait se réaliser dans le nombre des journées de traitement aux hôpitaux ; il s'élevait en 1842 au vingt-troisième de l'effectif de l'armée, il descendait en 1852 au trentième, pour tomber enfin au trente-neuvième en 1862.

Cette confrontation des chiffres de maladivité et de mortalité militaires à différentes époques fait comprendre qu'il n'y avait pas d'exagération, il y a vingt ou trente ans, à s'étonner des disproportions que présentait sous ce double rapport l'armée, c'est-à-dire une collection d'hommes choisis dans des conditions relatives de supériorité physique, avec la population civile dans les mêmes limites d'âge. Même en présence des améliorations obtenues et des beaux résultats de la statistique contemporaine, il serait imprudent de se promettre un nivellement exact et continu entre la mortalité civile et celle de l'armée : les choix des conseils de révision, l'énergie de résistance des jeunes recrues ne sont pas les correctifs absolus de toutes les causes de maladies et d'affaiblissement inhérentes à l'état militaire : le service de nuit, les exercices, les marches, les fatigues de tout genre, l'action incessante des vicissitudes atmosphériques, les intempéries, les chaleurs excessives, etc. sans compter les excès et les passions, l'uniformité du régime, parfois l'encombrement des habitations, les accidents de toutes sortes, soumettent l'organisme à des conflits et à des réactions sans fin qui se traduisent par une usure plus rapide. Cependant, et nous sommes heureux de le constater, les derniers chiffres de la Statistique médicale de l'armée tendent à écarter désormais la crainte d'une différence notable de mortalité à la charge de nos soldats. Le recensement de 1861 a donné la proportion des décès par âge dans la population civile, savoir :

De 20 à 25 ans.............. 10,40 pour 1,000 hommes.
De 25 à 30................ 8,10
De 30 à 35............... 8,00
Au total, de 20 à 35 ans... 8,83

Dans la période de 5 à 45 ans, la plus forte mortalité correspond à l'âge de 20 à 25 ans (M. Legoyt), et dans l'armée, aux quatre premières années de service, ce qui revient au même. — Dans la population, elle décroît de 25 à 30 ans et de 30 à 35 ans; dans l'armée, de 4 à 14 ans de service, même période. Au-dessus de 35 ans, la mortalité civile s'élève de plus en plus avec l'âge; même accroissement dans l'armée au-dessus de 14 ans de service. La mortalité suit donc une marche parallèle dans les classes civiles et parmi les soldats. Quant à sa valeur exacte, la statistique de l'armée datant seulement de 1862, on ne pourra l'obtenir que par les chiffres du recensement de 1866 comparés à ceux de la Statistique médicale de l'armée non encore terminée pour cette même année; toutefois, étant connu le chiffre mortuaire civil de 20 à 35 ans = 8.89, on peut le mettre en regard du chiffre mortuaire de l'armée, dans les années suivantes, pour les hommes ayant jusqu'à 14 ans de service révolus; on obtient ainsi :

Pour 1862 .... 9.58 décès pour 1,000 hommes.
Pour 1863 .... 9.38
Pour 1864 .... 8.80

Moyenne.......... 9.25

Dans l'effectif qui sert de base à ces calculs ne sont pas compris les officiers, qui comptent beaucoup moins de décès (7.22 p. 1,000); tandis que la proportion de mortalité civile se déduit d'une population dont font partie les jeunes gens riches et aisés. Il n'y a donc pas de différence sensible entre les deux moyennes de mortalité civile et de mortalité militaire, surtout si l'on considère que celle-ci englobe bon nombre de décès fournis par les hommes anémiques et cachectiques renvoyés d'Afrique, d'Italie et même du Mexique aux dépôts de leurs corps respectifs en France.

III

Il ne suffit pas de proclamer les améliorations d'une si grande portée, démontrées par la statistique officielle; il importe d'en préciser les causes; c'est le moyen de les consolider dans l'avenir.

L'hygiène a pour sujet l'homme, pour instruments tous les modificateurs dont il fait usage dans l'ordre matériel et moral. Ici, le sujet de l'hygiène, c'est l'armée. Quelle est la part qui revient, dans les progrès accomplis depuis vingt ans, à la constitution de ce grand corps, au mécanisme de son recrutement, à l'esprit qui lui est propre? Quelle est celle des changements opérés avec succès dans ses conditions d'habitation, d'installation, de nourriture, de vêtements, d'exercices, etc. en un mot, dans l'ensemble et les détails de son régime hygiénique?

On incline à rapporter principalement la diminution des maladies et des décès à la loi de dotation (1855) et aux modifications profondes qu'elle a introduites dans la composition de l'armée; elle a presque quadruplé la proportion des hommes de troupe comptant plus de sept ans de service (33 au lieu de 9 pour 100), et l'on ne saurait nier entre ce fait et l'abaissement de la mortalité une liaison de cause à effet[1]. Les hommes de sept à quatorze ans pré-

---

[1] Rapport du maréchal Randon.

sentent le minimum de décès, et ceux au-dessus de quatorze ans de service, comprenant même les vétérans qui comptent tant d'hommes usés, fournissent encore une proportion de morts inférieure à celle des quatre catégories des sept premières années.

Nul doute que la loi de dotation n'ait exercé une influence des plus favorables à la vitalité et à la résistance organique de l'armée, puisqu'elle a augmenté l'aisance d'un grand nombre de militaires et leur a procuré la sécurité de l'existence par la perspective d'une retraite suffisante. En substituant l'État à l'équivoque industrie du remplacement, exercée par des compagnies mercantiles, elle a moralisé cette opération, elle a créé pour l'armée une sorte de caisse d'épargne, elle a permis d'élever le minimum de la retraite du simple soldat de 200 à 365 francs[1].

Mais comment ne pas tenir compte en même temps des soins dont le soldat est l'objet, de la vigilante sollicitude qui s'applique à écarter de lui les causes de souffrance et de détérioration, à combattre celles qui ne peuvent être évitées, de l'émulation qu'inspirent sa conservation et son bien-être à tous ceux qui ont action sur lui directement ou indirectement, des progrès qui, suggérés par la science et réalisés par l'industrie, ont fourni à d'utiles applications dans l'armée, des méthodes plus rationnelles de traitement dans les ambulances et les hôpitaux, etc.?

En parcourant rapidement, suivant l'ordre classique que nous avons remis en vigueur dans les études d'hygiène, la série des agents extérieurs qui concourent à l'entretien de la vie, nous signalerons ce qui a été fait depuis vingt à trente ans dans l'intérêt du soldat; inventaire bien incomplet, car nous aimons mieux nous exposer à des omissions qu'à la prolixité; inventaire non arrêté, car le mouvement de réforme et d'amélioration se continue; il est la loi de l'administration de la guerre qui, fidèle à la pensée du Souverain, s'ingénie à la solution du problème toujours pendant : *multa paucis*

---

[1] *Moniteur* du 8 mars 1867.

(*nummis*), réaliser la plus grande somme de bien-être et de santé dans les limites d'un budget qui passe pour énorme en donnant à chacun de nos soldats 1 fr. 10 cent. par jour[1].

IV

1° CIRCUMFUSA.

C'est par millions que se comptent les dépenses faites depuis vingt ans pour la construction de casernes nouvelles et pour l'assainissement de celles qui, d'origine antérieure, n'ont pas été construites primitivement pour leur destination actuelle. L'ensemble des habitations réservées à l'armée présente donc des disparates, et, dans la même garnison, non loin d'un édifice de ce genre qui répond aux exigences de la salubrité moderne, se rencontre un ancien couvent, une ancienne abbaye, une ancienne fabrique, plus ou moins adaptée à l'installation des corps de troupes. On comprend, sans explication, l'importance capitale du système de casernement et les difficultés de sa refonte générale; c'est là une œuvre qui ne peut s'accomplir qu'avec le temps et à l'aide de grands sacrifices échelonnés sur une série de budgets. Les changements déjà effectués témoignent que l'administration et le génie militaire suivent des vues d'ensemble et veulent accomplir leur tâche; ils y seront de plus en plus encouragés par les résultats : avec chaque caserne

---

[1] Cette allocation se décompte comme il suit :

Prêt { 5 centimes de poche	}	0ᶠ	40ᶜ
{ 35 centimes à l'ordinaire			
Masse individuelle.........................		0	10
Habillement...............................		0	10
Casernement...............................		0	10
Literie...................................		0	10
Pain......................................		0	30
		1	10

défectueuse qui tombe sous le marteau, disparaît un foyer invétéré d'infection. L'habitation est, après le climat, l'influence ambiante la plus énergique pour modifier l'organisme.

Certes, il y a loin des bâtiments militaires d'aujourd'hui à ceux qui composaient autrefois, qui composent encore dans beaucoup de garnisons le logement des troupes; on ne voit plus s'élever, entre les remparts et les ruelles qui y confinent, des casernes à la Vauban, avec leurs cellules sombres, encombrées de lits à deux places servant en même temps de cuisine et de magasin, « n'y ayant aucun lieu réservé à cet effet[1]. » On ne se borne plus à y faire ouvrir les croisées pendant quelques heures, suivant le conseil de Colombier, et à y purifier l'air soir et matin par des fumigations[2]. Les casernes récentes d'infanterie et de cavalerie, tant en France qu'en Afrique, sont remarquables par les facilités de ventilation dans les deux sens opposés de chaque local. Le génie militaire, auquel on a reproché un excès d'uniformité, sait aussi approprier ses types d'architecture aux convenances des climats : à Biskara, dans le sud de la province d'Alger, j'ai visité, en 1851, une caserne nouvelle qui, munie de varandas, de petites ouvertures à l'extérieur et de galeries couvertes du côté de la cour, procure à ses habitants l'ombre et la fraîcheur de l'intérieur des maisons mauresques.

Les habitations publiques ou collectives, telles que les casernes, les hôpitaux, les lycées, les écoles de l'État, etc. soulèvent un certain nombre de questions qui ont pour toutes un intérêt décisif : cubage d'air par individu, renouvellement de cet air, irrigation ou drainage comprenant l'approvisionnement d'eau nécessaire à tous les usages et l'enlèvement des immondices de toute espèce (latrines, fumiers, urines, eaux ménagères).

Les recherches et les prescriptions n'ont pas fait défaut pour assurer l'aération des casernes, des hôpitaux militaires. L'ordonnance du 1er juillet 1788 porte que les fenêtres doivent être ouvertes

[1] *Préceptes sur la santé des gens de guerre*, p. 161. — [2] Colombier, 1775.

après l'appel du matin et pendant la parade. En ·exécution d'un
décret de la Convention du 14 pluviôse an II de la République, le
conseil de santé, sur la demande du ministre de la guerre, rédige
une instruction sur les moyens d'entretenir la salubrité et de purifier l'air des salles dans les hôpitaux militaires; on y rencontre des indications salutaires, non encore observées partout, comme celles-ci :
« Quelque étendue qu'ait une salle, il sera expressément défendu
d'y établir des rangées de lits dans le milieu... Les lampes seront
pourvues chacune d'un conducteur pour favoriser l'issue de la fumée. »
On y trouve aussi l'établissement de salles de rechange, l'alternance
d'occupation des locaux, leur assainissement à fond pendant leur
chômage, le principe d'une aération efficace par l'extraction de l'air
vicié et l'introduction de l'air neuf, la supériorité des cheminées sur
les poêles pour le renouvellement de l'air : « L'ouverture par laquelle
l'air s'introduit dans les poêles, n'ayant que trois à quatre pouces,
ne peut attirer qu'une colonne d'air de cette dimension, en sorte
qu'il n'y a véritablement que cette quantité de renouvelée dans les
salles, tandis que l'air qui n'est point sur la route de ce courant,
reflue vers les lits et les murs ; et, comme dans les rivières qui
ont le plus grand mouvement l'eau du milieu de leur lit coule avec
rapidité, tandis que celle des bords reste à peu près immobile, de
même aussi l'air mis en action par une cause quelconque s'échappe
à travers les issues qu'on lui offre, repousse dans les parties laté-
rales des salles les couches voisines qui, éprouvant un véritable
refoulement, se renouvellent difficilement et conservent longtemps
leur caractère malfaisant. Aussi a-t-on remarqué que les malades
placés dans ces endroits sont exposés à des accidents plus graves
et guérissent moins aisément. Il faut donc mettre en jeu, sur les
différents points des salles, un agent assez puissant pour embrasser
et entraîner la totalité du volume d'air qui y est renfermé. » Nous
citons ce passage pour montrer que, dès 1793, les médecins militaires posaient la question de l'aération régulière des locaux dans
les termes où la science la plus avancée la formule aujourd'hui

par l'organe persévérant et magistral du général Morin; mais s'a-
git-il d'exécuter ce programme si correct, le conseil de santé propose d'adapter aux tuyaux des poêles les pavillons en trompe du
chirurgien-major Salmon, comme la machine dite *le ventilateur de
l'Anglais Halles* (1748) paraissait suffisante à Colombier. En 1845,
une commission spéciale est chargée de vérifier l'aération des casernes de Paris et fournit à son secrétaire, M. Félix Leblanc, l'occasion d'une excellente étude sur l'air confiné dans les casernes,
sur la valeur de l'aération nocturnedes chambrées par l'ouverture
accidentelle des portes, etc. En même temps, le comité des forti-
fications, sous la présidence de l'illustre maréchal Vaillant, fait
procéder à des enquêtes dans la plupart des places fortes, et le conseil de santé[1] à la constatation statistique de l'influence du casernement sur la production des maladies qui se déclarent parmi les
troupes. Tant d'investigations n'aboutissent qu'à des fixations insuf-
fisantes : 12 mètres cubes d'air par homme d'infanterie, 14 mètres
cubes par homme de cavalerie; la tête de chaque lit adossée, autant que possible, à un mur ou à une cloison, sans y toucher;
entre deux lits, 25 centimètres d'intervalle[2], au lieu de 50 centimètres indiqués par l'ordonnance de 1824. Heureusement, dans
la pratique, ces fixations sont le plus souvent dépassées; le chiffre
de 16 mètres cubes d'air par homme est accepté généralement pour
les casernes, 20 et au-dessus par malade dans les hôpitaux; la nécessité d'une aération fréquente est mieux comprise. C'est au Val-
de-Grâce qu'a été donné en France le premier exemple d'une aéra-
ration permanente de jour et de nuit pendant l'épidémie cholérique
de 1849, exemple souvent imité depuis avec succès et jusque dans
les salles de femmes en couches[3]. L'isolement des maladies contagieuses, la rotation alternative du service sur toutes les salles, sont
de règle dans les hôpitaux militaires. Celui de Vincennes a reçu la
première application d'un système combiné de chauffage et de ven-

[1] Instruction du 16 décembre 1846. — M. le docteur Empis (hôpital de la
[2] Règlement du 30 juin 1856, art. 27. Pitié).
Hygiène militaire. 2

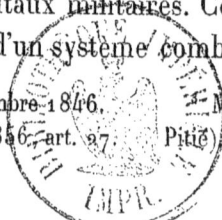

tilation ; c'est aussi lui qui, parmi les hôpitaux militaires de Paris, présente le minimum de mortalité proportionnelle. Si ce progrès capital pour l'hygiène hospitalière ne s'est pas encore étendu comme il devra s'étendre dans l'avenir aux hôpitaux, aux casernes, aux prisons militaires, il n'en faut accuser que les limites des ressources budgétaires et une espèce d'antagonisme entre les divers modes de réalisation du principe, entre les appareils et les propositions des inventeurs. Les utiles travaux du général Morin et l'emploi encore récent d'un contrôleur automatique de la ventilation, fondé sur une ingénieuse application des courants électriques, hâteront certainement ce progrès[1]. Dès maintenant, l'éclairage au gaz des hôpitaux et des casernes permet d'y assainir les latrines par un appel énergique, comme la cheminée ventilatrice des casernes anglaises, signalée et modifiée par le général Morin, sera un moyen non trop dispendieux d'aération régulière pour les chambrées.

Les améliorations opérées depuis vingt ans dans le casernement de nos troupes se traduisent clairement dans la Statistique médicale de l'armée. Trois éminents médecins militaires, MM. Godelier, Laveran et Tholozan, ont mis hors de discussion ce fait que la phthisie pulmonaire et la fièvre typhoïde sont les expressions pathologiques de l'influence de l'air confiné sur les soldats[2]. Le premier a trouvé à Strasbourg, pour la période de 1829 à 1842, 6 décès par phthisie sur 1,000 hommes. En 1860, M. Laveran accusait, pour onze des plus grandes garnisons de France, 229 décès par phthisie sur 1,000 décès en général, et 259 par fièvre typhoïde sur le même total.

Les registres de l'hôpital militaire du Roule ont fourni à M. Boudin la même proportion mortuaire pour cette dernière maladie.

[1] *Traité de la ventilation,* 2 vol. — *Bulletin du ministère de l'intérieur,* 1865, n° 5. — *Comptes rendus de l'Académie des sciences,* 28 janvier 1867.

[2] *Recueil des mémoires de médecine militaire,* t. LIX. — *Annales d'hygiène et de médecine légale,* 2ᵉ série, t. XIII. — *Gazette médicale de Paris,* 1859, p. 411.

Or, voici les proportions constatées par la Statistique médicale de l'armée :

Fièvre typhoïde..... {
1863..... 196 décès sur 1,000 décès en général.
1864..... 177
1865..... 166
}

Phthisie pulmonaire (y compris la bron- chite chronique). {
1863..... 208 décès sur 1,000 décès en général.
1864..... 217
1865 191
}

M. Bertillon évalue, comme M. Godelier, à 6 pour 1,000 hommes les pertes par phthisie dans l'armée française; elles ne sont plus en réalité que d'un peu plus de 3, et la statistique officielle, qui fait ressortir ce bienfait, a compris dans ses calculs les réformes et les mises en non-activité.

Il serait injuste de ne point mentionner ici les importants travaux exécutés depuis vingt ans en Algérie pour le logement des troupes et de leurs malades, comme aussi pour l'installation des centres agricoles, les voies de communication, l'assèchement des terres humides, la mise en culture d'immenses terrains restés en friche et convertis autrefois par les pluies ou les inondations en surfaces d'évaporation délétère. Les casernes, les hôpitaux de l'Algérie ne le cèdent pas à ceux de l'intérieur; la plupart de ces édifices sont bien situés, bien exposés, d'une aération facile, d'une appropriation conforme aux exigences du climat. Les campements permanents ou passagers sont réglés avec entente. Une longue expérience des effets du climat, des risques qu'il suscite, des précautions qu'il commande, s'est formée parmi les corps indigènes ou en résidence fixe; elle se transmet aux autres corps qui viennent de France et se succèdent en Afrique; chèrement payée par les premiers venus, elle a mis en évidence, aux yeux des hommes les plus téméraires ou les moins intelligents, l'étroite liaison des causes morbifiques et des maladies qu'elles déterminent. De là l'autorité et le juste crédit des médecins qui les ont signalées, en même temps que les moyens

de les guérir et surtout ceux de s'en préserver. Nourriture, boissons,
heures opportunes du travail et du repos, de la marche et des
haltes, utilité de la flanelle, des ceintures et vêtements de laine,
étoffe que dans le siècle dernier on proscrivait dans l'armée, les
divers modes d'abri à employer (tente, gourbi, etc.), le danger du
voisinage des marais, la nécessité de se protéger la tête contre
l'irradiation solaire ou contre la rosée nocturne, etc. toutes ces
notions d'hygiène pratique composent la sagesse, la tradition du
soldat comme de l'officier : celui-ci la communique aux nouveaux
venus, la propage par l'exemple; le médecin observe, rectifie, en-
courage, agit en temps utile; cependant les cultures, en se multipliant, restreignent les sources d'intoxication palustre et diminuent
les quantités d'émanations nuisibles qui se répandent dans l'atmos-
phère, et c'est ainsi qu'avec le temps, un long temps peut-être
encore, car la transformation d'un grand pays ne s'improvise
point, la possibilité de l'acclimatement en Algérie cessera d'être
un lieu banal de controverse. Quoi qu'il en soit, nous avons cité
plus haut des chiffres officiels qui y démontrent la décroissance
des maladies et des décès, sans qu'on puisse assigner à chaque
ordre de modificateurs hygiéniques sa juste part d'influence dans
ce progrès. L'administration, les inspections médicales, nos médecins si dévoués de l'Algérie, ont beaucoup contribué à vulgariser
les préceptes d'hygiène déduits d'une expérience aussi douloureuse
que prolongée. Il y a vingt ans (1847-1848), la proportion des
malades à l'hôpital était de 820 pour 1,000 hommes de garnison
dans les trois provinces de l'Algérie (docteur Lacger); encore était-
elle moindre qu'en 1846, où M. Desjobert l'évaluait à 1,220 pour
1,000 hommes[1]. La statistique officielle la fait descendre pour ces
quatre dernières années à 407, 512, 562, 536. En même temps
les maladies ont perdu de leur gravité.

D'après les tableaux des établissements français en Algérie pu-

[1] *Moniteur* du 5 juillet 1847.

bliés par le ministre de la guerre, la mortalité était dans les hôpitaux militaires :

En 1838.................... 50 pour 1,000 malades.
En 1848.................... 41
En 1863.................... 14
En 1864.................... 17 (année de guerre).
En 1865.................... 24 (épidémie de choléra).

Le décroissement de l'influence palustre se mesure par le mouvement des entrées et des décès aux hôpitaux : sur 1,000 entrées, on en a noté 397 pour fièvres palustres dans la période triennale de 1863, 1864 et 1865; relativement à l'effectif, c'est 24 pour 100 hommes; comme gravité, on a noté pour 1,000 de ces fièvres 0.94 décès et les rechutes dans la proportion de 25 p. o/o. Mais le fait le plus saillant depuis vingt ans, c'est la proportion décroissante des évacuations sur la France : de 1840 à 1847 (8 ans), elle est comprise entre ces deux chiffres : 4,885 à 51. Aujourd'hui les évacuations n'existent plus, si ce n'est à titre individuel et par une exception de plus en plus rare; elles sont remplacées par les congés de convalescence, et, dit avec raison M. Ély, « la différence entre ces deux termes n'est pas moindre que celle qui s'exprime et existe réellement entre le malade transporté et l'homme relativement valide qui s'embarque le sac au dos. » Or, en comprenant dans cette catégorie tous les hommes qui sont sortis directement des hôpitaux d'Algérie pour rentrer, soit temporairement, soit définitivement, dans leurs foyers pour cause de maladie, la proportion est de 16 seulement pour 1,000 malades, c'est-à-dire de moins de 8 pour 1,000 hommes d'effectif.

2° INGESTA.

Trois grandes améliorations ont été introduites, sous le Gouvernement impérial, dans le régime du soldat : le blutage à 20 p. o/o

de la farine employée à la fabrication du pain de munition, une
gestion plus économique et plus profitable de l'ordinaire, une détermination mieux étudiée de la ration de campagne.

A. *Pain*. — Base de l'alimentation du soldat en France, il est
préparé, manutentionné par les soins de l'administration et fourni
directement aux troupes, à raison de 1 kilogramme 1/2 par homme
et pour deux jours.

Le premier établissement d'une entreprise de vivres s'est formé
en 1574, sous M. de Montpensier, qui commandait les troupes
royales devant Lusignan. Depuis ce temps, et aujourd'hui encore, le
soldat reçoit dans les circonstances ordinaires le pain de munition,
et, s'il y a lieu, le pain biscuité ou le biscuit; mais la quotité de
la ration et la composition du pain ont beaucoup varié. En 1588,
on donnait aux hommes à pied 24 onces d'un pain composé d'un
quart de seigle et de trois quarts de froment. Feuquières rapporte
que la mauvaise qualité de cette fourniture fut pendant près de
deux siècles la cause de révoltes fréquentes dans les garnisons de
l'Alsace et des Flandres. Plus tard la ration fut portée à 28 onces;
mais, outre que le 31 de chaque mois elle faisait défaut, on porta
en 1758 la proportion de seigle à un tiers, et en 1776 à la moitié,
avec extraction de 20 livres de son. En 1778, on revint à un quart de
seigle, mais sans blutage. Comment le pain au tiers de seigle et sans
aucune extraction de son soutenait-il le soldat? Colombier nous l'ap-
prend[1] : d'accord avec Feuquières, il reconnaît l'insuffisance de la
ration de 24 onces, il la voudrait de deux livres et, fort de l'opinion
de cet officier général, il répète avec lui que la plupart des jeunes
soldats ne périssent que d'inanition; ailleurs[2], il reconnaît que la plupart des recrues ont peine à s'y accoutumer et que son usage déter-
mine chez eux des indispositions marquées; pour les prévenir, il propose un singulier moyen : il consiste à leur en faire manger d'abord

---

[1] Colombier, *Traité d'hygiène militaire*, 1775, p. 409. — [2] *Ibid.* p. 53.

une très-petite quantité pour les acheminer graduellement à la consommation totale de leur ration; mais il n'indique pas par quels
autres aliments on devait suppléer à ce régime insuffisant du début,
véritable expérience d'inanitiation. Les ordonances de 1790, 1792,
de l'an II et de l'an V, ne contiennent pas d'autres dispositions, si ce
n'est la faculté de remplacer le seigle par de l'orge. Ce n'est qu'en
1822 que le seigle fut exclu de la fabrication du pain militaire; le
blutage de la farine fut alors fixé à 10 p. o/o; vingt-quatre ans plus
tard, à 15 p. o/o (1846). Même à ce degré d'extraction de son, le
pain des manutentions laissait encore beaucoup à désirer, surtout
en province, sous le rapport de la blancheur et de la pureté, et il
ne pouvait s'employer dans la soupe. En 1850, on mit à l'essai,
dans cinq régiments, un système qui devait conduire à la suppression des manutentions, l'achat direct du pain par la troupe chez
les boulangers civils, moyennant une indemnité représentative de
16 centimes par homme. Dès l'année suivante, on dut revenir au
principe traditionnel de la fourniture du pain de munition par
l'État, seul moyen d'en assurer la stabilité et la régularité, d'épargner
aux soldats les fraudes et les sophistications d'une industrie fouettée
par la concurrence, de les soustraire aux oscillations des marchés
de grains, etc. En juillet 1853, un décret de l'Empereur a porté
le blutage à 20 p. o/o, et ce bienfait, dont l'armée gardera la mé-
moire, a couronné la série des améliorations effectuées, sous son
gouvernement et par les incitations de son esprit progressif, dans
toutes les parties de la manutention militaire, dans tous les détails
du service des subsistances. Locaux, matériel, outillage, choix et
conservation des blés, nettoyage et mouture des grains, blutage
des farines et panification, ressuage et rendement, confection des
biscuits dans les conditions normales et dans les cas exceptionnels,
leur encaissement et leur transport, tout a été étudié, discuté avec
suite et par la voie d'expériences souvent longues et dispendieuses,
avec le concours des hommes compétents des diverses spécialités
scientifiques et professionnelles qui s'intéressent à ces matières. La

commission supérieure des subsistances militaires, dont j'ai fait partie pendant de longues années, et les nombreuses sous-commissions qui en sont dérivées, n'ont rencontré aucun obstacle pour s'éclairer, et l'administration s'est empressée de mettre à profit toutes les suggestions pratiques qui lui sont venues de ce côté; de là trois volumes in-4° de règlements, de notices et de documents[1], signalés dans le rapport du maréchal Randon à l'Empereur[2], qui résument le double enseignement d'une pratique perfectionnée et de la science la plus avancée; véritable monument dû aux efforts combinés des compétences très-diverses dont l'administration a eu le bon esprit de s'entourer.

Grâce à un nouveau mode de gestion avec primes, les comptables sont couverts intégralement des frais de gestion, ce qui les dispense de se préoccuper de la question d'économie. Des échantillons de pains sont soumis à l'improviste aux expertises de commissions de vérification instituées dans toutes les places, en même temps que, expédiés à Paris par les voies rapides et sur un ordre télégraphié, ils deviennent, au sein de la commission supérieure dont il a été question plus haut, l'objet d'une appréciation et d'un classement. On sait qu'en outre, un officier de la garnison, présent à chaque distribution, est juge de la qualité du pain, consigne son opinion sur un registre et peut provoquer une expertise où le médecin intervient. Ceux qui ont pris part, comme moi, à cette suite d'opérations, savent qu'elles constituent un contrôle sérieux et provoquent entre les manutentions une émulation qui tourne à l'avantage du soldat. En aucun temps, il n'a reçu de l'État un pain mieux élaboré, plus sapide, plus substantiel. La sollicitude de l'Empereur, par le taux du blutage à 20 p. o/o, a augmenté sous le même volume le pouvoir nutritif du pain de munition; car, on a beau dire, le son ne nourrit point par lui-même; il ne représente dans la farine à laquelle il est mêlé qu'une sorte de corps étranger, réfractaire à l'assimilation.

[1] Paris, chez Dumaine, 1865 et 1866. — [2] *Moniteur* du 25 janvier 1867.

Les règles que s'impose aujourd'hui l'administration pour les achats de blés se fondent sur leurs qualités; si elle néglige la toute première, recherchée pour les pains de luxe où l'extrême blancheur des farines joue le rôle principal, c'est qu'elle n'ignore pas que la finesse de leur nuance ne coïncide point avec leur valeur nutritive ni avec la sapidité du pain; le blé qu'elle admet dans ses magasins tient le milieu entre la première et la seconde qualité (blé marchand, blé bon ordinaire); il doit être homogène, bombé, bien rempli, à pellicule fine, à rainure peu profonde, d'une couleur claire et brillante, lisse, coulant, sonore, sec, c'est-à-dire contenant de 12 à 16 p. o/o d'eau au maximum, lourd à la main qui le soupèse. L'administration exige que le minimum du poids de l'hectolitre de blé ne descende pas au-dessous des limites suivantes :

			Kilog.
Achats faits à l'intérieur..	Blés indigènes.	Tendres proprement dits..	74
		Mitadins............	76
	Blés exotiques.	Tendres.............	73
		Durs...............	77
Achats faits en Algérie...	Blés indigènes.	Tendres.............	76
		Durs...............	77
	Blés exotiques.	Tendres.............	73
		Durs...............	77

« L'administration de la guerre n'exclut d'une manière absolue aucune essence, espèce ou variété de blés; elle adopte pour chaque localité les plus répandus dans le rayon d'approvisionnement. Dans le nord de la France, c'est le blé tendre qui forme la base de ses réserves; dans le midi, elle consomme les blés mitadins. En Algérie, elle adopte exclusivement le blé dur[1]. » On recherche la récolte la plus récente et l'on ne remonte jamais au delà de trois ans.

B. *Ordinaires.* — « Il est d'usage qu'on donne peu de viande au

---

[1] *Service des subsistances, notices sur l'exécution de ses différentes branches.* Paris, chez Dumaine, 1865, page 263.

soldat, et rien n'est mieux entendu, parce qu'elle est de tous les aliments celui qui est le moins sain. » Voilà un axiome de l'hygiène militaire du dernier siècle, et Colombier qui le formule[1] a soin de limiter à une demi-livre, 125 grammes par repas, la ration de viande en campagne. Telle est encore la fixation actuelle en garnison, tant les préceptes d'un autre temps prolongent leur autorité sur les esprits; il est vrai que, pour les médecins d'alors, « la pomme de terre pouvait suppléer la viande dans toutes les occasions[2]. » La chimie contemporaine et la physiologie expérimentale ont fait justice des routines, des erreurs, aussi dangereuses qu'étranges, qui ont pesé sur le régime alimentaire des troupes. Il n'est pas si loin de nous le temps où l'on demandait à une commission l'équivalent du riz et de la viande, de la céréale la plus pauvre en azote et de la substance azotée par excellence. Nous renvoyons à l'utile ouvrage de M. Payen[3] sur les substances alimentaires et aux traités d'hygiène moderne pour la discussion de toutes les données qui entrent dans la détermination de la ration normale pour les hommes adultes; leurs déperditions totales se représentant en 24 heures par 20 grammes d'azote $=$ 130 de matière azotée, et par 360 de carbone, il faut que les aliments consommés dans la même période de temps restituent à l'organisme 310 grammes de carbone et 130 de matière azotée se réduisant par dessiccation à 20 grammes d'azote. L'analyse du pain et de la viande conduit à la ration suivante, où l'on évite également un excès sensible de l'un ou l'autre de ces aliments :

		Substances azotées.	Carbone.
Pain........................	1,000^{gr}	70	300
Viande sans os[4]..............	286	60.26	31.46
	1286	$=$130.26	331.46

[1] Colombier, *Traité d'hygiène militaire*, p. 56.

[2] *Ibid.* p. 65.

[3] Payen, *Précis théorique et pratique des* *substances alimentaires.* 4ᵉ édition, Paris, 1865, p. 474 et suivantes.

[4] Ce qui représente 367^{gr},5 de viande avec la proportion d'os ordinaire.

La ration du soldat se compose comme il suit :

		Azote.	Carbone.
Pain bluté à 20 p. o/o	750^{gr}		
Pain de soupe	250	12	300
Viande non désossée	250	6	22
Légumes . . { frais, environ	100		
{ secs, à peu près	30	1	7
		19	329

L'insuffisance de la quantité de viande ressort théoriquement, et la cherté progressive des subsistances ne peut que l'augmenter; aussi le Gouvernement a-t-il élevé la solde pour toute l'armée; dans le rayon de Paris, un nouvel accroissement de solde (3 centimes par jour) vient de s'y ajouter. Par un sage règlement du 14 décembre 1861, le maréchal Randon a substitué à l'achat des denrées en détail les achats en gros, au rôle isolé de chaque compagnie celui du corps entier, à l'action du capitaine celle d'une commission présidée par un officier supérieur; il a provoqué la concurrence des fournisseurs et par suite un adoucissement dans les prix des denrées, dans tous les cas le bénéfice de la différence entre l'achat en gros et l'achat en détail. Ce dernier ne procurait aux ordinaires que les bas morceaux de viande; le premier leur livre le bœuf entier moins les issues et permet aux compagnies l'usage alternatif des morceaux de choix. Rappelons ici que l'ordinaire profite, dans une certaine mesure, des services payés que la troupe exécute et des versements qu'y font les militaires autorisés à travailler en ville. Moyennant ces suppléments et l'industrieuse sollicitude des chefs de corps, la ration de viande dépasse dans la plupart des garnisons le taux trop parcimonieux de 250 grammes; elle n'était pas moindre de 300 grammes par homme dans tout le ressort de mon arrondissement d'inspection médicale, en 1865 et 1866. Au reste, si le prix de cette denrée, par suite de circonstances imprévues, s'élève à 1 franc, l'administration s'est réservé de l'acheter elle-même et de la fournir à la troupe en supportant la perte résultant de l'enchérissement. A l'uniformité excessive de la nourriture du soldat a succédé une certaine variété : le mouton, le veau, le porc remplacent de temps en temps le bœuf; la viande rôtie n'est plus inconnue dans les ordinaires. Une instruction du conseil de santé, en date du 5 mars 1850, rédigée à la demande du ministre de la guerre, sert de guide aux corps de troupes dans le choix et la préparation de leurs repas; le ministre a prescrit de l'imprimer dans le format des livrets d'ordinaire pour y être attachée et d'en donner lecture une fois par mois dans les théories que l'on fait à la troupe; elle a pour objet de varier l'alimentation pour prévenir la satiété et le dégoût, préludes d'une mauvaise élaboration des organes digestifs et de troubles dans la nutrition. Suivant nous, la préférence doit rester à la viande de bœuf; l'instinct des soldats le confirme, et donne raison à l'illustre Chevreul, quand analysant les produits de la décoction de viande, il ajoute : «La viande de bœuf a toujours été pour moi la viande la plus réparatrice, et, à mon avis, on a singulièrement, sous ce rapport, trop déprécié le bouilli à l'avantage du rôti[1]. »

Dans les places fortes, le ministre de la guerre a, comme au camp de Châlons, livré les terrains disponibles aux troupes qui les cultivent en jardins potagers au profit de leurs ordinaires; ces travaux intéressent les soldats et leur ont valu sans dépense tous les légumes nécessaires à leur consommation pendant plusieurs mois. Cette innovation date de 1863. Un autre essai, qui se continue dans plusieurs garnisons pour l'allégement des dépenses des ordinaires, consiste dans l'emploi d'un fourneau économique, d'importation anglaise, pour rôtir les viandes; le maréchal Randon se proposait d'en doter chaque garnison. Enfin, par suite d'un marché passé avec la nouvelle compagnie des lits militaires, qui se charge du blanchissage de la troupe à prix réduit de moitié,

---

[1] Payen, *Précis,* etc. p. 72.

l'autre moitié de cette dépense refluera dans les ordinaires. C'est par ces combinaisons que l'administration s'ingénie à corriger dans l'armée le malaise qui résulte pour elle de l'enchérissement incessant des vivres : la statistique médicale prouve qu'elle a réussi jusqu'à présent.

N'oublions pas, parmi les ustensiles culinaires du soldat, le tamis en fer blanc, introduit en 1843, et qui, en clarifiant le bouillon louche, en sépare les sédiments désagréables au goût et surtout les débris d'os, brisés en esquilles, causes de tant d'accidents graves (corps étrangers dans le pharynx et l'œsophage). Une décision de décembre 1852 a rendu obligatoire l'usage des gamelles individuelles : mesure de décence, de propreté et d'importante prophylaxie; la gamelle commune où chaque homme de la chambrée plongeait sa cuiller plus ou moins accompagnée du doigt, inspirait de justes dégoûts; l'usage d'un verre ou d'un gobelet pour chaque homme en supprimera d'autres et voire même un danger : les médecins qui ont servi dans les corps de troupes savent avec quelle facilité se propagent certaines maladies de la bouche (stomatites ulcéro-membraneuses); en 1832, il m'a suffi de prescrire l'emploi des gobelets individuels dans une compagnie du 24ᵉ régiment de ligne pour arrêter ce qu'on aurait appelé alors une épidémie de stomatite scorbutique.

La ration de campagne est encore à l'étude; elle a été depuis vingt ans avantageusement modifiée, et, sur ce point, le progrès scientifique profite directement au soldat. En effet, avant les travaux accomplis de nos jours par Boussingault, Dumas, Liebig, de Gasparin, Payen, etc. sur les conditions de la réparation organique et sur les équivalents des aliments respiratoires et plastiques, l'administration était exposée à se tromper gravement sur la valeur de certaines substitutions de denrées, sur la composition quantitative et qualitative des rations, sur la proportion du régime avec les efforts à demander au soldat, etc. On sait aujourd'hui que les grandes dépenses de force musculaire exigent une augmentation de matière azotée, c'est-à-dire de viande, dans la ration, et que, si l'on voulait y suppléer par des doses plus considérables de pain, de riz ou d'autres féculents, il en faudrait de tels volumes que les organes digestifs en seraient surchargés jusqu'au malaise, d'où la diminution de la force vive disponible ou du travail. Ce que les entrepreneurs anglais ont fait pour obtenir de leurs ouvriers une somme plus forte de labeur, les chefs militaires ont à l'imiter quand il s'agit de soumettre leurs troupes à une épreuve temporaire de fatigues insolites : introduire dans la ration plus de viande et moins de pain. L'expérience des dernières guerres a conduit aux fixations suivantes :

	Grammes.
Biscuit de repas et de soupe (représentant 1000 gr. de pain)..	735
Viande fraîche...................................	300
Riz..	60
Sel..	16
Sucre..	21
Café..	16
POIDS TOTAL........	1,148

On accroît la valeur nutritive de cette ration en n'admettant dans la fabrication du biscuit que de la farine de blé dur, plus riche en gluten; le biscuit qu'elle donne est plus savoureux au goût et résiste mieux aux chocs du transport.

Le cas à prévoir, en campagne, est une expédition de huit jours, où le soldat doit emporter ses vivres, soit huit rations : le problème est de les réduire au minimum de poids, sans diminuer la quantité totale de leurs principes nutritifs. M. Poggiale propose à l'administration la solution suivante[1], en mettant à profit les procédés combinés de l'industrie moderne, représentée par Appert, MM. de Lignac, Fastier et Chollet, et déjà sanctionnés par l'expérience de

[1] Voyez, pour le détail des préparations et le choix des procédés, *Notice sur le ser-* *vice des subsistances.* Paris, chez Dumaine, 1865, p. 490.

l'armée d'Orient, où j'ai provoqué de copieux envois de leurs produits :

		Grammes.
Biscuit...		700
Viande avec bouillon concentré. . { Viande......... 200^{gr} Bouillon concentré. 40 }		240
Sel...		12
Sucre.		21
Café..		16
	Total.............	989

Cette ration est calculée de manière à contenir, suivant les besoins physiologiques de l'homme adulte, 4/5 d'aliments respiratoires et 1/5 de substances azotées. Les 700 grammes de biscuit de blé dur équivalent à 1,040 grammes de pain de munition. Les 240 grammes de viande se composent de 200 grammes de viande désossée et préparée par le procédé Fastier; or, 1 gramme de viande cuite et sans os égale 2 grammes de viande fraîche avec os, telle qu'on l'achète pour le soldat; c'est donc, en réalité, 431 grammes de viande qui entrent dans cette ration.

Boissons. — L'eau est la boisson ordinaire des soldats en temps de paix. Il existe dans chaque caserne une cantine où le débit du vin et des liqueurs est autorisé, sous la réserve d'un contrôle exercé fréquemment par les médecins sur la qualité de ces liquides; sur leur demande, l'absinthe en est exclue. Quand les bâtiments sont éloignés de plus de 500 mètres des sources, rivières, fontaines, puits ou réservoirs d'eau potable et salubre, elle y est transportée à raison de 5 litres au moins en été par homme et par jour, et de 3 litres en hiver[1]. Des allocations extraordinaires de vin (25 centil.) et d'eau-de-vie (3 centil. et 125 millil.) sont accordées aux soldats

---

[1] Règlement de 1866 sur les subsistances, art. 593 et suiv.

en certaines occasions, telles qu'aux revues d'honneur des inspections, etc. Durant la saison des chaleurs, qui se compte dans le Nord du 21 juin au 31 août, et dans le Midi du 1er juin au 30 septembre, ils perçoivent tous les jours une indemnité représentative d'une ration d'eau-de-vie. Avant 1832, ils touchaient en nature un vingtième de litre de vinaigre, destiné à être mêlé à l'eau; on reconnut l'utilité de le remplacer par l'eau-de-vie, pour rendre la boisson de chambrée quelque peu tonique; mais celle-ci contracte et communique aux pots de grès une odeur empyreumatique qui la rend désagréable, si l'on n'y ajoute un peu de jus de citron ou d'acide tartrique avec du sucre ou du bois de réglisse. De là, dans les régiments, en été, l'emploi de boissons très-diversement préparées et d'une salubrité douteuse, jusqu'à ce que prévalût l'usage, aujourd'hui presque général, d'en appliquer le prix à l'achat de sucre et de café. L'allocation d'une indemnité représentative au lieu de la prestation d'eau-de-vie en nature a permis cette transformation de dépense, qui suffit, dans la plupart des garnisons, à procurer aux soldats, par un industrieux emploi du café et de ses marcs, une soupe au café le matin, avant l'exercice, et une boisson aromatisée dans la journée. En Afrique, cette prestation est permanente et, dans les corps indigènes, se dispense toujours en nature. Le café de l'administration militaire jouit d'une bonne réputation, et les soldats expérimentés excellent à le préparer. On sait les précieux services qu'il rend en Afrique, et qui, depuis vingt ans, s'étendent, en été, à nos garnisons de l'intérieur; mais ce que l'on a oublié, c'est qu'il était préconisé en Égypte par Desgenettes : « Il faut répéter journellement aux nouveaux arrivés que l'abus de l'eau-de-vie a sacrifié plus d'hommes que le fer de l'ennemi, qu'il prédispose aux maladies contagieuses et les rend mortelles. Le café remplace avec avantage les liqueurs spiritueuses [1]. » Le mélange de décoction de quinquina et de café était un médicament favori de

---

[1] *Histoire médicale de l'armée d'Orient.* Paris, 1830, p. 199.

ce maître et des médecins qui pratiquaient sous sa direction en Égypte.

Tabac. — Du café au tabac la transition est justifiée par la pratique. Telle en est aujourd'hui l'extension, tel en est le besoin presque universel, qu'on peut le classer parmi les substances de première nécessité. Tout le monde fume ou prise; la chique même conserve, dans les deux armées de terre et de mer, une clientèle passionnée. Ceux qui n'en usent sous aucune forme composent une minorité qui va diminuant. Les inconvénients de ses divers modes de consommation ne rebutent point les novices; les dangers qui s'y attachent, à part quelques faits de flagrante évidence, semblent à la majorité des amateurs plus théoriques que réels. Je suis du petit nombre des hommes qu'une répugnance insurmontable éloigne du tabac, et ma raison se refuse à ne point considérer comme nuisible l'abus d'une substance contenant un principe (nicotine) dont l'activité toxique est foudroyante à la dose d'une goutte; mais l'hygiène doit compter avec une habitude dont l'invétération et la diffusion impliquent l'innocuité dans une certaine mesure, avec l'être moral surtout qui vit dans l'homme et le soumet à tant d'oscillations. En échange du tabac, que donnerez-vous au matelot, à l'officier de quart, pendant les heures qu'ils passent sur le pont, par les nuits brumeuses ou glaciales de l'hiver? Quel autre correctif de l'ennui? Et le soldat, en marche, au bivac? L'un et l'autre, comme l'ouvrier, ne s'imposent-ils point des privations pour acheter leur tabac? A-t-on été bien avisé de faire, en 1688, les premières distributions gratuites de tabac aux soldats? D'après Bardin [1], elles avaient pour mobile « le plus grand avantage des fermiers généraux et la propagation de l'usage du tabac dans le peuple. » Un règlement de 1720 fixe à une livre l'allocation de tabac par homme et par mois. Les craintes d'incendie ont suggéré, dans la

---

[1] Bardin, *Dictionnaire de l'armée de terre.*

Hygiène militaire.   3

marine, des prohibitions qui remontent jusqu'à 1634, mais dont
la sévérité s'est grandement adoucie. La réglementation du tabac
de cantine (1734) était tombée en désuétude, lorsqu'un décret de
l'Empereur[1] attribua aux troupes une qualité spéciale de tabac, à
raison de 1 fr. 50 cent. le kilogramme et dans la proportion de
10 grammes par homme; le même bénéfice d'économie est ac-
cordé aux marins, comme aux soldats embarqués, et, à cet effet,
le tabac entre aujourd'hui dans les approvisionnements réguliers
de la flotte. Cette libéralité a été reçue dans les deux armées avec
une joyeuse reconnaissance; ajoutons que l'autorité, appelée par
cette mesure à constater la qualité de la denrée, trouve ainsi l'occasion et le moyen d'en restreindre l'abus.

3° SECRETA ET EXCRETA.

A. *Bains*. — Les bains froids sont de prescription réglementaire
et entourés de toutes les précautions possibles. Dans les garnisons
du littoral maritime, c'est à la mer que la troupe se baigne régu-
lièrement, et l'effet tonique de ces exercices a rehaussé plus d'une
constitution : les sujets lymphatiques, valétudinaires, anémiques,
scrofuleux s'en trouvent si bien qu'on a souvent envoyé en sub-
sistance, dans les détachements ou corps de troupes stationnés sur
les points les plus favorables du littoral, les malingres tirés des
garnisons circonvoisines pour leur assurer le bienfait des bains de
mer. Les instructions ministérielles se sont multipliées depuis vingt
ans pour régler tous les détails de cette salutaire pratique. Les limites du bain militaire sont fixées à la suite d'explorations annuelles,
les heures déterminées par les médecins et les repas avancés ou
reculés en conséquence; la marche pour s'y rendre est graduée, la
durée du séjour dans l'eau comme celle de l'exposition à l'air, tout
est prévu; des nageurs éprouvés surveillent les novices; aussi, dans

---

[1] Décret du 29 juin 1853.

les baignades collectives, les accidents sont rares; mais il y a péril pour les baigneurs isolés; toute la sévérité des consignes et des avertissements ne parvient pas à les soustraire à leurs fatales tentations. On lit dans la Statistique médicale de l'armée[1] : « En 1863, sur 189 morts accidentelles, 72 ont eu lieu par submersion, et il est important d'ajouter que, dans plus de la moitié des cas, la mention du décès était accompagnée de cette note explicative : « Ce militaire s'est baigné isolément. »

Les bains chauds seraient en hiver aussi utiles que les bains froids en été. Ce que l'Empereur a fait sous ce rapport pour les classes ouvrières, sera tenté pour le bien des soldats. Ne pourra-t-on utiliser la chaleur perdue des fourneaux de cuisine pour approvisionner d'eau chaude un certain nombre de baignoires disposées au rez-de-chaussée des casernes et pourvues d'un robinet d'eau froide? L'industrie civile excelle aux installations balnéaires à bon marché. Au besoin, on imitera l'exemple que le 13e bataillon de chasseurs à pied donne depuis plus d'un an avec six vastes bassins fournis par la maison Godillot (80 centimètres de largeur, 60 de profondeur et 21 de hauteur) et 10 litres d'eau à 100 degrés centigrades (un bidon) pour 20 litres ou deux bidons d'eau froide; le baigneur y plonge jusqu'à la ceinture et se lave le tronc et les membres supérieurs avec une grosse éponge; les hommes s'y succèdent de vingt en vingt minutes, trois heures après le repas du matin, c'est-à-dire à partir de midi et demi; l'escouade qui arrive vide les bains, les remplit, se baigne, ainsi de suite; en deux heures on donne 36 bains, et en vingt jours tout un bataillon s'est baigné, à quel prix? Les six bassins coûtent 78 francs; 36 bains ont consommé en hiver 10 kilogrammes de houille à 4 fr. 50 cent. ou 5 francs les 100 kilogrammes; la dépense de combustible a donc été de 2 centimes par homme[2].

B. *Eaux thermales militaires.* — L'armée possède cinq établisse-

[1] Paris, Imprimerie impériale, p. 53.
[2] *Recueil de mémoires de médecine militaire,* 3e série, t. XVIII, 2e fascicule. p. 108, Dr Riolacci.

ments de ce genre : Baréges, Amélie-les-Bains, Bourbonne, Vichy, Bourbon-l'Archambault, sans compter celui de Guagno en Corse, ni celui de Hammam-Meskoutin, près de Guelma, dans l'arrondissement de Bône. Amélie est une splendide création achevée par le Gouvernement impérial dans une vallée étroite des Pyrénées-Orientales, si bien abritée qu'elle est devenue l'une des stations d'hiver les plus recherchées par les poitrinaires; elle est la villa d'hiver des valétudinaires de l'armée, en même temps qu'une des plus abondantes sources d'eau sulfureuse sodique. Baréges, Bourbonne doivent à l'initiative féconde de l'Empereur la refonte entière de leurs installations hospitalières et de leurs thermes; il en est de même de Vichy, où l'on s'obstinait à enfouir les salles de bains dans des caves; un coup d'œil de l'Empereur a suffi pour les transformer : l'hôpital militaire de Vichy possède aujourd'hui des thermes séparés des corps de logis et parfaitement organisés. La construction d'un bâtiment distinct pour les militaires, avec un bain spécial, à Bourbon-l'Archambault, date aussi de cette dernière période de vingt ans, si fertile en progrès de tout genre. Enfin, pendant un séjour à Plombières, l'Empereur a voulu que le bénéfice de cette station hydro-minérale s'étendît à l'armée, et il a fait don d'un bâtiment bien situé pour l'installation d'un service d'officiers et de soldats, dont nous avons eu l'occasion de constater la régularité.

C. *Soins de propreté.* — Jamais ils n'ont été plus surveillés; l'ordonnance sur le service intérieur des troupes d'infanterie et de cavalerie abonde en prescriptions concernant la propreté des hommes, des chambrées, des corridors, des cours, des cuisines, des latrines. Depuis le caporal jusqu'aux chefs les plus élevés, sans excepter les médecins, tous les grades de la hiérarchie doivent concourir avec ponctualité à la constante salubrité des locaux et des cours du quartier. Le samedi, les couvertures et les matelas sont battus à l'air libre; les chambres, les corridors, les escaliers sont nettoyés à fond.

D. *Latrines et urinoirs.* — La tenue de ces locaux est le point de départ de l'assainissement des habitations militaires. Aussi s'en est-on constamment préoccupé, mais sans arriver à des mesures radicales et vraiment efficaces. En 1840, sur la proposition de deux médecins militaires, MM. Astier et Fortuner, le ministre prescrivit l'emploi de la suie de cheminée pour la désinfection des urinoirs (baquets), préalablement charbonnés à leur surface intérieure; on les lavait à grande eau et l'on y versait ensuite un mélange de 400 grammes de suie et de 3 litres d'eau. Le sulfate de fer est venu remplacer ce moyen [1] et pour les urinoirs et pour les latrines, dans la proportion d'un centième du poids d'eau employé, les lavages devant s'effectuer en hiver tous les trois ou quatre jours, en été tous les deux jours; à ce procédé on doit ajouter le blanchissage semestriel des parois des cabinets et une surveillance assidue des sous-officiers chargés de la police intérieure. Une longue expérience m'autorise à suspecter l'efficacité des ressources de la chimie pour neutraliser journellement le genre de méphitisme dont il s'agit; on n'a pas cessé de les employer au Val-de-Grâce, et cet établissement n'a pas cessé d'être infecté à ses angles par les latrines qui les occupent. Comment compter tous les jours sur l'exactitude des mélanges, sur une quantité suffisante d'aspersion, etc.? Ce qui ne peut s'obtenir dans un hôpital, sous la pression des médecins et avec le concours des agents d'administration, se fera-t-il mieux dans les casernes? Dans quelques-unes, on a eu l'idée d'adosser les latrines aux cuisines, dans un pavillon isolé, sans doute avec l'intention d'utiliser la chaleur d'une cheminée pour activer le courant ascensionnel des émanations fétides par un tuyau d'évent. La saleté des cabinets compense cet effet; et telle est, avec le reflux des émanations de la fosse, la cause de leur infection permanente. L'unique remède, le remède décisif, consiste à remplacer les fosses par des tonneaux hermétiquement lutés et placés dans un local bien aéré du rez-de-

---

[1] Circulaire ministérielle du 24 avril 1855.

chaussée, et à y superposer, dans les étages supérieurs, des cabinets à l'anglaise avec siéges en bois dur et ciré, cuvettes à l'anglaise
et réservoir d'eau pour une abondante irrigation. Qu'on multiplie
ces cabinets séparés par des stalles, qu'on oblige les hommes à s'as-
seoir sur les siéges, qu'on y exerce une surveillance sévère, qu'on
renouvelle les tonneaux dès qu'ils s'emplissent, que les soupapes
des cuvettes ferment exactement l'orifice des tuyaux de chute, et
les latrines des casernes ne seront pas plus infectes que celles des
plus confortables maisons de la ville. Cette réforme, que je sollicite
depuis douze à quatorze ans dans les hôpitaux militaires, a été
opérée depuis trois ans dans les hospices et dans beaucoup d'hôpitaux civils de Paris par l'initiative de M. Husson, directeur de
l'Assistance publique; elle y a réussi, elle réussira partout. L'hygiène, d'accord avec la décence, qui est le respect de soi-même et
d'autrui, garantit ce succès.

Quant aux urinoirs, il ne reste qu'à reproduire dans les hôpitaux et les casernes le modèle de ceux de certaines gares de chemins
de fer, séparément des latrines, avec un ruissellement continu d'eau
qui lave sans interruption les parois verticales et les conduites,
tandis qu'une rigole sur le plan déclive du sol, également lavée
par un courant d'eau, n'y permet point la stagnation de l'urine.

E. *Infection, contagion.* — L'hygiène n'en traite qu'au point de
vue de la préservation.

Vaccination, revaccination. — L'une et l'autre sont obligatoires
dans l'armée; la discipline a été le plus actif auxiliaire de la propagation du vaccin. Mais, jusqu'en 1857, les instructions[1] ne prescri-
vaient la vaccination que chez les militaires non encore inoculés
ou porteurs de traces douteuses de cette opération. Dans l'été de
1857, une tournée d'inspection me conduisit, en pleine épidémie

---

[1] Instructions d'octobre 1816, de juillet 1819, de juin 1848.

de variole, à Albi, où la garnison fut préservée par l'heureuse initiative d'un médecin qui se mit à vacciner et à revacciner sans dictinction tout l'effectif d'un bataillon. Sur le rapport que j'en fis au maréchal Vaillant, alors ministre de la guerre, et conformément à mes propositions, la revaccination générale de l'armée fut décidée, et, au mois de décembre de la même année, une note, insérée au Journal militaire officiel, s'exprimait ainsi : « Tous les jeunes soldats arrivant au corps devront être vaccinés, qu'il existe ou non chez eux des traces de vaccine. » Les décès par variole ont-ils diminué par suite de cette mesure? Antérieurement à l'année 1859, M. Laveran[1] a trouvé pour dix grandes garnisons de l'intérieur une proportion de 39 décès varioliques sur 1,000 décès en général. En 1864[2], on constate qu'elle est de moins de 20 pour les troupes à l'intérieur, et de 17.5 pour toute l'armée. Pendant la période triennale de 1863 à 1865, sur 311,000 malades militaires traités dans les hôpitaux, on compte 4,207 cas de variole ou de varioloïde, = 13.5 pour 1,000 malades. La gravité pour la variole seule est de 11.2 décès pour 100 varioleux. Relativement à l'effectif, la moyenne est de 0.2 décès pour 1,000 hommes. Pour la garnison de Paris en particulier, la moyenne, en 1863, a été de 0.18 pour 1,000 (8 décès pour 43,000 hommes). Cette moyenne était, en 1851, de 0.31 pour la population masculine parisienne de vingt à trente-cinq ans[3], et de 0.40 en 1852.

Prophylaxie syphilitique. — Extirper la prostitution clandestine, soumettre à des visites fréquentes et attentives les filles inscrites, poursuivre l'inscription, sur les registres de la police, de celles qui contaminent nos soldats, assurer leur traitement, s'il le faut, par les voies de contrainte, et ne les rendre à la liberté qu'après leur radicale guérison; — d'autre part, vérifier l'état sanitaire des sol-

---

[1] *Annales d'hygiène et de médecine légale,* deuxième série, t. XIII, page 254, 1860.

[2] *Statistique méd. de l'armée,* p. 272.

[3] Trebuchet, *Annales d'hyg.* deuxième série, t. VII et IX.

dats et des sous-officiers à des intervalles rapprochés, les encourager
à se faire soigner en temps opportun, n'entourer leur traitement,
soit aux infirmeries, soit aux hôpitaux, et ne le faire suivre d'aucune
mesure ni d'aucune apparence de sévérité disciplinaire, ne souffrir
entre les vénériens et les autres malades d'un même hôpital aucune
distinction blessante ou vexatoire, tel est le système qui prévaut
aujourd'hui pour restreindre entre les garnisons et les classes civiles
un pernicieux échange de maladies contagieuses, capables d'adul-
térer les sources mêmes de la population. Il·y a là de graves intérêts
qui touchent à la sécurité des familles, à la puissance nationale. Ils
n'ont pas toujours été bien compris; le temps n'est pas si loin où
les militaires vénériens avaient à supporter les frais de leur cure
dans des établissements désignés[1]; naguère encore ils subissaient,
au sortir de l'hôpital, la punition d'un mois de consigne; les soldats
de la réserve ou les libérés à titre provisoire n'étaient plus admis
au compte de la guerre dans les hôpitaux militaires. De là les accidents les plus graves de la syphilis, dissimulés, traînés en longueur,
livrés aux expériences des empiriques; de là des foyers de contagion,
toujours actifs et se multipliant dans l'ombre. L'arrêté du ministre
de la guerre, en date du 10 mai 1842, concerté avec le ministre
de l'intérieur, a posé les bases d'une préservation certaine, si l'autorité civile et l'autorité militaire concourent à son exécution avec
la même suite et la même énergie. Le soldat est tenu de faire con-
naître la femme qui l'a infecté, le commandant de la place de la
signaler au maire, celui-ci de la faire rechercher pour la faire
inscrire, visiter à fond et traiter. — De leur côté, les militaires
atteints de syphilis ne subissent plus aucune punition, s'ils se déclarent à leurs médecins; qu'ils soient dans la réserve ou en pos-
session d'un congé provisoire de libération, ils conservent le droit
d'être traités dans les hôpitaux militaires; tous ne doivent en sortir
que bien guéris. Dans les chambrées, ils sont visités tous les mois

[1] Bardin, *Dictionnaire de l'armée de terre.*

par leurs médecins, qui ont le devoir de constater les maladies vénériennes et cutanées; si le régiment se déplace, s'ils se rendent en
congé ou en permission dans leurs familles, même visite médicale
au départ et à l'arrivée. Là où les autorités civiles exercent une
ferme surveillance, cet ensemble de précautions amène une décroissance notable des maladies vénériennes; dans les mêmes localités,
les résultats de préservation varient d'année en année, suivant la
main qui administre. Que la visite des filles soit livrée à un pra-
ticien qui n'use point du spéculum, à un vieillard qui ne voit plus
assez, la contagion s'accroît. Ces faits, les inspecteurs médicaux les
ont constatés.

La statistique est muette jusqu'aux recherches récentes qui don-
nent pour les journées de vénériens :

En 1862 . . . . 3.90 par homme de l'effectif.
En 1863 . . . . 3.44
En 1864 . . . . 3.17
En 1865 . . . . 3.01

M. Ély a puisé dans un document officiel[1] les éléments d'un parallèle rassurant entre notre armée et celle d'Angleterre : en 1865,
la proportion des atteintes vénériennes a été, dans la première,
de 92 pour 1,000 d'effectif et, en 1864, de 291 pour le même
effectif en Angleterre; le total des journées de maladie des vénériens équivaut, en France, à trois jours de service de l'armée entière, et à sept jours en Angleterre. La moyenne journalière du
nombre des vénériens est en France de 9, et en Angleterre de 19,
pour 1,000 hommes présents sous les drapeaux.

Gale. — Cette maladie, qui multipliait autrefois les non-valeurs
temporaires de l'armée, diminue tellement sous l'influence du trai-

---

[1] *Army statistical reports for the year,* p. 11, 1864.

tement expéditif prescrit par l'instruction ministérielle de 1852, qu'on peut espérer de la voir passer dans la catégorie des cas rares. Au témoignage de Coste et de Percy[1], elle était répandue en l'an IV sur un si grand nombre de soldats de l'armée d'Italie, qu'il fallut ajourner leur traitement jusqu'à la fin de la campagne. Helmerich, chirurgien-major du 125e de ligne, en Hollande, fut conduit en 1812, par la même cause, à rechercher les moyens d'abréger la durée du traitement antipsorique; sa méthode, expérimentée avec succès à l'hôpital de Groningue, et, en 1813, à l'hôpital alors militaire de l'Ourcine, sous la surveillance du baron Percy[2], est la même qui, réduite et simplifiée, mais surtout rationalisée par le rôle mieux connu de l'*acarus scabiei*, procure à Saint-Louis la guérison des galeux en dix-huit heures entre les mains de M. Bazin, en deux heures entre celles de M. Hardy. «Depuis près de six mois, écrit M. Burdin, en 1813, à Groningue, nous nous servons ici de ce moyen curatif de la gale (pommade d'Helmerich), et constamment nous avons pu guérir en *deux jours* les neuf dixièmes des malades[3]. » Une préoccupation théorique, celle des inconvénients d'une brusque suppression de la gale, l'empêche seule de chercher à guérir la gale en *un jour*. Si nous rappelons ces faits, c'est qu'ils légitiment une importante restitution à l'initiative des médecins militaires du premier Empire. Je me félicite de l'avoir tentée en 1852, en prenant à mon tour, au sein du conseil de santé des armées, l'initiative d'une proposition ayant pour objet d'appliquer à l'armée le bénéfice de la méthode de traitement antipsorique accéléré, d'une si facile exécution dans les infirmeries régimentaires. Si j'ai eu à lutter contre quelques doutes et quelques appréhensions sincères, le succès au moins fut complet et entraîna toutes les convictions; le rapport et l'instruction ministérielle que

---

[1] *De la santé des troupes à la grande armée.* Strasbourg, Levrault, 1806, p. 94.

[2] Rapport au ministre-directeur de l'administration de la guerre, par le baron Percy, sur les expériences qui ont eu lieu à l'hôpital de l'Ourcine, etc. Paris, Imprimerie impériale, octobre 1813.

[3] *Ibid.* p. 10.

je fus chargé de rédiger[1] ont fait loi depuis cette époque, et les
mesures qu'ils ont consacrées ont eu pour conséquence : 1° d'abréger notablement la durée d'une maladie contagieuse et rebutante,
et d'en ramener le traitement à des conditions si simples, si expé-
ditives, qu'il dispense les galeux de l'envoi à l'hôpital; 2° de faire
cesser leurs évacuations dispendieuses des garnisons où l'on refu-
sait de les traiter à l'hôpital sur d'autres localités, en assurant leur
prompte guérison sur place et partout où il est possible d'affecter
à ce service une chambrée avec une baignoire; 3° de restituer au
service actif et à la discipline intérieure de leurs compagnies, dans
un délai de dix-huit à vingt heures, des hommes qu'il fallait envoyer à l'hôpital et qui y restaient en moyenne quatorze, quinze
jours, et plus; 4° de prévenir désormais et d'étouffer à leur origine
les affections connues sous le nom de *gales compliquées, rebelles, in-
vétérées, etc.* L'économie que procure le traitement actuel à l'infir-
merie est évaluée à 60 ou 70,000 francs par an; il se pratique
aisément en campagne, et c'est ainsi que, pendant ma présence à
l'armée d'Orient, j'ai veillé à son application constante et réduit à
des proportions insignifiantes le chiffre total des galeux, malgré
tant de circonstances si défavorables à la propreté.

4° APPLICATA.

Vêtements, équipement. — Dans son rapport à l'Empereur, en date
du 15 janvier dernier, le ministre de la guerre (maréchal Randon) rappelle que le règlement sur le service de l'habillement et
du campement, datant de 1811, a exigé une entière refonte, et,
tout en louant les confections régimentaires, il ajoute : « La guerre
d'Orient et celle d'Italie en ont démontré l'insuffisance pour assurer
l'habillement des corps de troupes en cas de passage du pied de
paix au pied de guerre. Il est devenu indispensable de recourir à

---

[1] *Mémoires de médecine militaire,* 2° série, t. IX, p. 327.

l'industrie civile. L'essai fait depuis 1859 permet aujourd'hui de se prononcer sur l'efficacité de cette mesure. » En conséquence, les ateliers civils de confection concourront avec les ateliers militaires, et qui dit concurrence, dit économie et progrès.

A côté de ce progrès, mentionnons-en un autre : un membre du conseil de santé siége maintenant dans la commission centrale d'habillement, ainsi qu'un pharmacien-chimiste militaire : double garantie pour l'hygiène et pour l'expertise des étoffes et de leurs nuances de coloration.

Il est inutile d'énumérer ici toutes les pièces dont se composent l'habillement et l'équipement des soldats. En les considérant dans leur ensemble et leurs transformations successives, on reconnaît que, si les goûts variables du temps y ont eu leur part, l'intérêt sanitaire n'a pas été sacrifié. La substitution du pantalon de drap au pantalon de toile, d'abord en Afrique, puis à l'intérieur (mai 1860), et l'usage de la ceinture de laine ont certainement contribué à la diminution des maladies du ventre. L'habit a fait justement place à la tunique; la capote du fantassin, le manteau du cavalier, le caban de l'officier, la grosse capote à capuchon dont le factionnaire s'enveloppe pendant la nuit, protégent efficacement les organes respiratoires. La cravate bleue de coton, qui entoure mollement le cou, a fait cesser les compressions cervicales qui n'étaient pas étrangères à la production des ophtalmies, des adénites chez les jeunes soldats. La chaussure et la coiffure attendent des perfectionnements; la jambière va être abandonnée; le shako aura moins de pesanteur et de rigidité. Le bonnet à poil, le casque, etc. finiront par disparaître. La sollicitude de l'État tient compte de tous les besoins : le cavalier, pour le service des écuries, reçoit des sabots, un pantalon de toile dite *de treillis*, une veste, un second caleçon. Tous les hommes mettent tous les huit jours une chemise blanche.

Couchage. — Trois dates sont mémorables dans l'histoire du

couchage des militaires : dans les premières casernes, lits à trois
places; en 1788, lits à deux places; en 1826[1], lits à une place,
jusqu'alors dévolus seulement aux sous-officiers. Le marché passé
en 1822 par l'administration de la guerre avec la première compagnie des lits militaires, bien qu'il comprenne encore les lits à
deux places, prévoit le remplacement de 110,000 lits de bois à
deux places par 206,000 couchettes de fer à une place, dans un
délai de dix années. Ce nouveau couchage comporte le lit de fer
avec un fond sanglé; le matelas de 1^m,949 de long sur 0^m,676
de large, garni de 8 kilogrammes de laine et 2 kilogrammes de
crin; le traversin de 8 décimètres de tour et de la largeur du matelas, garni de 1 kilogramme de laine et de 2/3 de kilogramme de
crin; deux paires de draps de toile et une couverture de laine. Le
cahier des charges exige le renouvellement semestriel de la paille
des paillasses, le changement de draps tous les vingt jours en été,
tous les mois en hiver, le rebattage des matelas et des traversins
tous les deux ans, et, si la paillasse était supprimée, tous les ans.
En 1826, pour éloigner les insectes et consolider le lit, le fond
sanglé est remplacé par un fond en lames de tôle, la paillasse par
un sommier en foin, et, du 15 octobre au 15 avril, chaque lit
reçoit un couvre-pied en laine de 1^m,460 de long sur 1^m,300 de
large. Enfin, le marché renouvelé en 1842 supprime le sommier
et rétablit le matelas avec 10 kilogrammes de paille à renouveler
tous les six mois. L'administration, qui ne dédaigne aucun détail,
s'il importe à la santé ou au repos nocturne des soldats, a autorisé
les corps de troupes à tirer des pharmacies militaires les quantités
nécessaires d'une poudre insecticide dont l'expérience a démontré
l'efficacité; une instruction imprimée sert à en régler l'emploi et à
débarrasser les effets de literie de punaises dont ils étaient de vrais
réceptacles. Un autre progrès hygiénique consistera à exhausser le
couchage à plus de 0^m,35 ou 0^m,40 au-dessus du sol, hauteur ac-

[1] Décision du 28 août.

tuelle des lits, et à augmenter leur intervalle de séparation : ce sera le moyen d'atténuer les inconvénients de la solidarité respiratoire des habitants des chambrées pendant les heures de la reclusion nocturne.

C'est sous les tentes surtout qu'il sera utile de pouvoir relever au-dessus du niveau du sol le plan de couchage des soldats, afin de les soustraire à l'humidité de son contact et aux émanations qui s'en dégagent; c'est pour y éviter la concentration de l'air expiré et confiné autour des visages que nous avons conseillé d'y coucher les hommes de manière à faire converger leurs pieds autour du pi- vot central, les têtes répondant au périmètre des tentes. La guerre d'Orient a permis d'apprécier pratiquement les divers modèles de tentes, y compris ceux de l'armée turque, dont la forme cylindro- conique a le mieux résisté aux secousses des grands vents et des tempêtes, à l'imprégnation des pluies torrentielles. La double tente abrite contre ces intempéries et contre l'ardeur des rayons solaires. Mais, quelle que soit l'épaisseur du tissu, quelque forme que l'on adopte pour la tente, le nombre de ses habitants et le soin de l'aé- ration en régleront la salubrité.

5° PERCEPTA.

A. *Instruction.* — L'impulsion si remarquable que le Gouverne- ment de l'Empereur imprime à l'instruction des classes populaires se fait sentir déjà dans la statistique comparée du recrutement[1]. Avant de montrer le système de culture appliqué à l'intelligence des soldats avec autant de persévérance que de simplicité, cons- tatons à l'aide des chiffres officiels le progrès déjà réalisé parmi les jeunes gens de la classe de 1864. Voici comment se répartissent les 321,561 hommes maintenus sur les listes du tirage :

[1] *Compte rendu sur le recrutement de l'armée pendant l'année 1865*, p. 14. Paris, Imprimerie impériale.

	CLASSE DE 1864.		CLASSE DE 1863.	
	JEUNES GENS définitivement maintenus sur les tableaux du recensement.	PROPORTION sur 100.	JEUNES GENS définitivement maintenus sur les tableaux du recensement.	PROPORTION sur 100.
Ne sachant ni lire ni écrire..........	80,551	25.05	86,671	26.66
Sachant lire seulement..............	8,501	2.64	8,701	2.68
Sachant lire et écrire..............	223,931	69.64	221,397	68.09
Dont on n'a pu vérifier l'instruction.....	8,578	2.67	8,358	2.57
Totaux........	321,561	100.00	325,127	100.00

Les jeunes gens compris dans le contingent ont donné :

	CLASSE DE 1864.		CLASSE DE 1863.	
	JEUNES GENS compris dans le contingent.	PROPORTION sur 100.	JEUNES GENS compris dans le contingent.	PROPORTION sur 100.
Ne sachant ni lire ni écrire..........	24,120	24.15	24,233	24.37
Sachant lire seulement..............	2,568	2.57	2,438	2.44
Sachant lire et écrire..............	70,337	70.39	70,030	70.16
Dont on n'a pu vérifier l'instruction.....	2,885	2.89	3,023	3.03
Totaux........	99,919	100.00	99,814	100.00

Progrès modeste! Encore est-on heureux de le constater. L'ordonnance de 1818 a créé dans chaque régiment des écoles d'initiation primaire à l'usage des soldats, et d'autres du second degré pour les sous-officiers; leurs auditoires n'ont cessé de s'accroître : en 1836, elles étaient fréquentées par 55,000 militaires; en 1845, par 78,000; en 1855, par 82,000; en 1865, par 99,000.

Ces écoles viennent d'être réorganisées (mai 1866) en vue de l'unité de programmes et de direction; elles sont de deux degrés. Les chefs de corps en ont la direction supérieure; un capitaine est à la tête de l'école du second degré et surveille en même temps celle du premier degré; il a sous ses ordres un lieutenant ou sous-lieutenant, un moniteur général et des moniteurs particuliers. Les chefs de bataillon ou d'escadrons ont le devoir de suivre les progrès des élèves qui relèvent de leur commandement. Outre les salles d'école installées suivant les prescriptions du règlement du 30 juin 1856 sur le casernement, la nouvelle instruction établit des salles d'étude munies d'une bibliothèque où les élèves sont admis à écrire, à revoir leurs cours, à consulter les ouvrages mis à leur disposition; des sphères terrestres, des mappemondes, des atlas géographiques, des cartes muettes, sont placés dans ces locaux, chauffés et éclairés en hiver.

L'enseignement du premier degré, comprenant la lecture, l'écriture et les quatre premières règles de l'arithmétique, est obligatoire pour tous les soldats illettrés[1]; il y a cinq leçons par semaine du 1er octobre au 1er avril, et deux par semaine du 1er avril jusqu'à l'ouverture des opérations d'inspection annuelle, une école par bataillon d'infanterie, une par régiment de cavalerie. Si, par un motif quelconque, les leçons ne peuvent avoir lieu dans la salle des écoles, elles seront faites dans les chambrées, sous la surveillance du directeur et du moniteur général, par les moniteurs particuliers. A la fin de chaque année scolaire, le directeur dresse la liste des élèves assez instruits pour n'être plus astreints à suivre les cours du premier degré; cette dispense est notée sur leurs livrets, et la liste des dispensés est soumise à l'inspecteur général. L'article 9 stipule que les congés, les permissions et toutes les faveurs dont disposent les chefs de corps, ne seront accordés qu'aux hommes qui auront fait preuve de bonne volonté.

Les écoles du second degré n'étaient suivies naguère encore

---

[1] Instruction de 1866, art. 1er.

que par les sous-officiers aspirant à l'épaulette; leur fréquentation était facultative; le ministre a voulu avec raison que tous les sous-officiers, sans distinction de classes, fussent tenus de les hanter, les uns dans l'intérêt de leur avancement, les autres pour qu'ils rentrent plus instruits dans la vie civile. La principale difficulté de cette application simultanée d'hommes pris dans des conditions très-inégales d'instruction préalable, nous paraît avoir été heureusement surmontée par la création de quatre sections dans l'école du second degré, correspondant à ces diversités de culture individuelle et réglées comme il suit[1], pour une scolarité de quatre années :

1re SECTION.

	Séances.
Grammaire.	20
Arithmétique.	20
Géographie.	18
Histoire.	24
TOTAL.	82

2e SECTION.

	Séances.
Grammaire.	15
Arithmétique.	10
Géométrie.	10
Géographie.	12
Histoire.	35
TOTAL.	82

3e SECTION.

	Séances.
Grammaire.	10
Arithmétique.	10
Géométrie.	10
Géographie.	12
Histoire.	40
TOTAL.	82

[1] Instruction de 1866, art. 15.

4ᵉ SECTION.

	Séances.
Géométrie	10
Géographie	20
Histoire	42
Fortifications	} 10
Artillerie	
TOTAL	82

Il est évident que, moyennant cette gradation, tous les élèves sui-
vront avec fruit l'enseignement secondaire, et, bien qu'il s'adresse
spécialement aux sous-officiers, les chefs de corps sont autorisés à y
faire participer les caporaux et les soldats lettrés, sous la réserve
qu'ils n'assisteront pas aux interrogations des sous-officiers[1]. Citons
encore l'article 16 : « Vers la fin de la quatrième section du cours,
les professeurs feront rédiger aux élèves une composition écrite sur
chacune des connaissances comprises dans cette année d'études. Ces
compositions seront corrigées, annotées et conservées pour être repré-
sentées au jury d'examen, puis présentées à l'inspecteur général. »
Au terme de l'année scolaire, un jury présidé par le lieutenant-co-
lonel procède aux examens et établit la liste des sous-officiers à faire
passer à la section supérieure ou à maintenir dans la même section, et la liste par ordre de mérite des sous-officiers qui, ayant suivi
les cours de la quatrième section, sont signalés comme possédant
l'instruction complète du second degré. Si le régiment se fractionne
par demi-bataillon ou escadron, chaque détachement ouvre et ses
cours d'instruction primaire et ceux d'enseignement secondaire, fon-
dus en une seule section. Nous renvoyons pour de plus amples détails
à l'exposé que le général de Gondrecourt[2] a fait du nouveau système
de nos écoles régimentaires, si conforme aux plus chers intérêts
du pays et de l'époque actuelle, si propre à rehausser la dignité de

---

[1] Instruction de 1866, art. 13. — [2] Moniteur de l'armée, 1867.

l'armée par un développement régulier de l'intelligence. Faire des institutions militaires les auxiliaires de la civilisation, quel plus noble but! et transformer les illettrés des statistiques du recrutement en citoyens éclairés, amis de l'ordre et du travail, quel heureux échange entre l'État et les populations rurales! La reconstitution des écoles régimentaires sur la base des principes indiqués ci-dessus sera comptée un jour parmi les plus grands bienfaits du Gouvernement impérial et parmi les meilleures suggestions du ministre de la guerre (maréchal Randon).

Nous ne faisons que mentionner les améliorations administratives et autres introduites depuis vingt ans dans l'économie intérieure et le fonctionnement des écoles célèbres qui fournissent aux divers corps de l'armée leurs officiers, l'élite des jeunes générations, sans oublier la création, sous le ministère du savant maréchal Vaillant, des deux écoles de médecine militaire [1] de Strasbourg et du Val-de-Grâce, qui ont résolu le difficile problème du recrutement du corps de santé de l'armée, et les mesures de consolidation et de perfectionnement que leur a libéralement appliquées M. le maréchal Randon [2].

B. *Influences morales.* — Elles procèdent des institutions mêmes de l'armée et de l'esprit qui anime le commandement. Quelle que soit notre prédilection réminiscente pour certains types militaires d'autrefois, pour les figures héroïques et légendaires de nos vieilles armées de la République et de l'Empire, nous ne pouvons que nous féliciter de l'adoucissement des caractères, sans détriment pour leur énergie intrinsèque. La nostalgie est devenue une maladie très-rare chez le conscrit, grâce aux ménagements dont il est l'objet, à la cessation de pratiques plus ou moins brutales, à des nuances de mansuétude dans l'exercice du commandement, à des conditions de bien-être qui lui affirment la vigilante sollicitude de tous ses

---

[1] Décret du 12 juin 1856. — [2] Décrets du 28 juillet 1860 et du 27 avril 1864.

4.

chefs. La musique, le chant, la danse, ne laissent pas que d'agir sur son moral. Quelle charmante institution que celle des orphéons militaires, quelle merveilleuse distraction que ces chœurs exécutés par des réunions de jeunes soldats dont les voix mâles et vibrantes attaquent tour à tour, avec le même entrain, les hymnes religieux et nationaux, les mélodies des répertoires populaires! Si l'on considère l'ensemble des gestes et traits de la vie militaire de nos jours, on y reconnaît une diminution de violence, de verve agressive, d'injurieuses provocations; le courage n'a point fléchi, au contraire, mais il est devenu moins tapageur, il n'exclut ni la modestie ni la simplicité.

Du côté des croyances religieuses, quelle différence entre le soldat actuel, livré à la spontanéité de sa foi naïve, d'autant plus attiré aux choses sacrées qu'il se sent plus libre d'en user, et le soldat sceptique et railleur des premières années de ce siècle ou mécaniquement dévot du temps de la Restauration! Quel admirable esprit de tolérance et de concessions réciproques dans les relations de la chambrée! — Dans les hôpitaux, le changement n'est pas moins accentué dans le même sens : au lieu des infirmiers civils, indisciplinés, parfois infidèles ou rapaces, de jeunes soldats, de vieux sous-officiers, pleins de bonne volonté, prêts au dévouement, façonnés au soin des malades, jaloux de coopérer à leur guérison.

Le vieux chirurgien de l'Empire n'était certes ni moins miséricordieux ni moins éprouvé que ses confrères d'aujourd'hui; mais la gravité douce et souriante de ceux-ci, leur abord affable, leurs soins presque caressants cadrent mieux avec le séjour des souffrances et facilitent à la sœur de Saint-Vincent-de-Paul sa tâche journalière : c'est ce concours presque inaperçu d'influences morales qui explique l'abaissement du chiffre obituaire de la nostalgie. De 1820 à 1827, Benoiston de Châteauneuf évalue au minimum le nombre des décès par nostalgie à 14 par an, ce qui donne une proportion de 0.86 pour 1,000 hommes d'effectif.

Pour les trois dernières années, M. Ély a trouvé[1] :

	Décès par nostalgie.	Proportion.	
1863................	2	0.006	pour 1,000 hommes d'effectif.
1864................	3	0.009	
1865................	3	0.009	

MOYENNE GÉNÉRALE pour les 3 années : 0.008

C'est-à-dire moins de 1 sur 100,000 hommes, au lieu de 0.86 que Benoiston de Châteauneuf estime au-dessous de la vérité pour la période de 1820 à 1827.

6° GESTA.

En temps de paix, le soldat est astreint au service intérieur des corps de troupes et au service de place.

Le premier comprend tout ce qui se rapporte à l'instruction théorique et pratique, les corvées et les travaux prescrits par l'ordonnance du 2 novembre 1833 pour l'entretien des armes et de l'équipement, pour la propreté des locaux, pour l'approvisionnement en denrées, combustibles, etc. Un tableau, établi par le chef du corps, transcrit sur les registres d'ordre et affiché dans la salle du rapport et au corps de garde[2], règle heure par heure, suivant les saisons, l'emploi du temps depuis le lever jusqu'au coucher pour tous les grades. — Les hommes de recrue sont exercés habituellement deux fois par jour; du 15 octobre au 15 mars, ils ne le sont qu'une fois dans le milieu du jour[3]; ils assistent aux marches militaires au moins une fois par semaine, et ils participent au service de place vingt jours après leur arrivée, si ce service ne laisse pas aux soldats quatre nuits de repos. Les exercices généraux du régiment[4]

[1] *Statistique médicale de l'armée.*

[2] Ordonnance du 2 novembre 1833, mod. B, art 5.

[3] Ordonnance du 2 novembre 1833, art. 227.

[4] *Ibid.* art. 225.

sont repris chaque année au 1er avril, lors de la rentrée des se-
mestriers. Un mois est employé à répéter l'école du soldat et celle
de peloton; un mois à répéter celle de bataillon, qui doit se ter-
miner à la fin de mai. L'école de tirailleurs occupe la première
quinzaine de juin, et les évolutions de ligne commencent au milieu
de ce mois; toutefois, on réserve encore un ou deux exercices par
semaine à l'école de bataillon et à celle de tirailleurs. Dès que les
compagnies ont répété l'école du soldat, elles sont appliquées si-
multanément au tir à la cible, et, aussitôt qu'elles ont commencé
l'école de peloton, les exercices se font le sac au dos; ils ont lieu
tous les jours, excepté le samedi, qui est consacré aux travaux de
propreté, et le dimanche; si l'instruction est en retard, le samedi
n'est pas épargné. Quand on commence les évolutions de ligne, les
exercices sont réduits à quatre par semaine, à partir du 1er août
à trois, mais alors se passent les inspections générales, non moins
laborieuses. Après le 1er octobre, les exercices n'ont plus lieu que
deux fois par semaine. L'ordonnance[1] recommande de ne pas tenir
la troupe longtemps en place pendant les gelées; on l'applique
alors spécialement à la marche et aux manœuvres de tirailleurs.
La durée de chaque exercice est de deux heures, non compris le
repos et le temps nécessaire pour se rendre sur le terrain.

Le service de place varie suivant les armes et l'effectif des garnisons; il est réglé par tours, qui sont au nombre de quatre pour la
cavalerie et de six pour l'infanterie, à savoir : les détachements, les
escortes et les gardes des postes extérieurs qui ne sont relevés
qu'après un certain nombre de jours; — les gardes de la place,
celles de police, les plantons et les ordonnances qui sont relevés
journellement; — les gardes d'honneur; — les rondes; — les travaux et corvées; — les détachements en mer[2]. — Chaque corps
occupe de préférence les postes les plus rapprochés de son quartier.
— Viennent ensuite les circonstances extraordinaires, telles que les

[1] Ordonnance du 2 novembre 1833,   [2] Décret sur le service des places de
art. 226.   guerre, etc. du 13 octobre 1863, art. 48.

incendies, les inondations, les émotions publiques, nécessitant des mesures de sûreté (patrouilles, piquets plus ou moins nombreux) qui augmentent les fatigues de la troupe dans une proportion indéterminée, comme en campagne.

Le décret sur le service de place prévoit les cas, souvent réalisés en Afrique, où le ministre autorise l'emploi des troupes, par régiment, par compagnie ou fraction de compagnie, aux travaux de construction des routes, des canaux, des ports, etc. Ce service dure du lever au coucher du soleil, à moins qu'il ne soit d'une nature très-fatigante; alors, les détachements sont relevés au milieu du jour[1].

En présence de tant de devoirs imposés jour et nuit aux soldats, et des surcroîts de fatigues que les éventualités y peuvent ajouter même en temps de paix, l'hygiène se préoccupe de l'équation physiologique entre la dépense et la recette, entre la déperdition incessante des forces et la mesure de leur réparation; celle-ci s'opère par l'alimentation et le sommeil. Ménager à la troupe des ressources additionnelles de nourriture, une distribution opportune de café ou de vin, la provoquer au besoin auprès de l'autorité qui a le droit de l'accorder, c'est, de la part de chefs bien avisés, affaire de prévoyance ou d'initiative, presque toujours couronnée de succès. Dans le cas de travaux extraordinaires, ces allocations supplémentaires ne manquent jamais, et l'ordinaire est bonifié par le versement d'une portion des salaires. Quant au repos de nuit, les règlements l'ont toujours prescrit dans une bonne limite; mais, dans la pratique, on a été amené à les oublier. Déjà l'ordonnance de mars 1768 assure aux soldats six nuits, au minimum cinq, pour une passée au corps de garde. Combien on s'est éloigné de cette libérale fixation! La multiplicité abusive des postes et des sentinelles, tout à fait disproportionnée avec l'effectif des garnisons, a eu pour effet, dans maintes places, de ne laisser aux hommes qu'une

[1] Ordonnance du 2 novembre 1833, art. 49.

nuit sur deux. En 1842, le maréchal Soult déclarait à la Chambre
des députés que le soldat ne passait au lit que trois nuits sur cinq.
Sous le Gouvernement actuel, la ration de sommeil a été améliorée,
comme tant d'autres conditions de la vie des soldats. Le 1er septembre 1852, le ministre de la guerre, maréchal de Saint-Arnaud,
ordonne aux commandants des divisions territoriales de réduire le
service de place au plus strict nécessaire, pour que le soldat n'ait
jamais moins de trois nuits de repos sur quatre : « Vous suppri-
merez tous les postes et tous les factionnaires qui ne seront pas
d'une absolue nécessité, toutes les sentinelles de tolérance, et même,
au besoin, celles d'honneur. » Cette sollicitude pour le repos nocturne de la troupe se prononce avec plus d'insistance encore dans
le décret impérial du 13 octobre 1863; l'article 52 exige que le
nombre d'hommes à fournir par chaque corps soit réglé de manière à leur assurer au moins quatre nuits de repos, et le double
aux hommes de cavalerie [1]. Si des circonstances extraordinaires
obligent le commandant de place à s'écarter momentanément de
cette règle, il en rend compte. Le nombre des heures de faction
est fixé à deux depuis 1768, et, par les grands froids de l'hiver,
on le fractionne par moitié. Est-il besoin d'ajouter que l'interven-
tion discrète et judicieuse des médecins des régiments trouve ici sa
place auprès des chefs de corps dont ils possèdent la confiance ?
Telle promenade militaire sera supprimée, tel exercice contre-
mandé, en compensation des fatigues supportées la veille ou dans
la nuit par suite d'un incendie, etc. C'est à la science, à l'expérience médicale à combattre certaines erreurs de tradition militaire
d'après lesquelles on croit former le soldat en le surmenant, et le
préparer aux épreuves de la guerre par la dépense intempestive de
ses forces en réserve.

Après les causes d'épuisement qui résultent de la privation du
sommeil et des excès d'efforts musculaires, il n'en est pas de plus

---

[1] Décret sur le service des places de guerre, etc. du 13 octobre 1863, art. 70.

active que la surcharge du soldat en marche. La charge réglementaire, en temps de paix, est de 20k,092; en campagne, elle s'accroît dans une proportion variable. Les miliciens du grand Frédéric portaient 59 livres 11 grammes (livre prussienne=467 grammes), ce qui donne un poids total de 28 kilogrammes, comprenant, outre l'armement et une pioche, ou une hache, ou une bêche, cinq jours de pain et un bidon de dimension moyenne. D'après le baron Denniée[1], le fantassin de la garde impériale ne portait pas moins de 70 livres. Dans la longue période de nos guerres d'Afrique, la charge de nos soldats en expédition dépassait 32 kilogrammes, avec les effets d'habillement, d'équipement, d'armement et de campement, plus huit rations de vivres, des provisions pour l'ordinaire, et souvent un petit fagot de 1 kilogramme. Dans la dernière campagne d'Italie, la charge individuelle se représentait par un poids de 28k,732, y compris celui de quatre rations de vivres sans viande. La commission supérieure des subsistances[2] a cru pouvoir admettre, d'après les données antérieures et l'expérience acquise de nos jours, que le soldat d'infanterie, indépendamment de la force qu'il dépense dans la locomotion, possède une force de transport équivalente au poids de 28 à 29 kilogrammes, et ses recherches[3], résumées dans des tableaux très-détaillés, ont conduit aux fixations suivantes :

En temps de paix.................................. 28k,092
En campagne...................................... 20,732
Expédition exceptionnelle nécessitant la remise de huit jours
    de vivres à la troupe............................. 30,718

L'auteur du livre *l'Armée en 1867* évalue, en campagne, la charge du fantassin à 35 kilogrammes environ, plus du tiers de la charge réglementaire du mulet de bâts. A coup sûr, les hommes robustes seront les seuls à supporter, dans ces conditions, les marches pro-

[1] *Itinéraire de la campagne de 1812.*
[2] Rapport de M. l'inspecteur Hutin.
[3] Voyez *Notices sur le service des subsistances*, p. 549 et suiv.

longées. Les faibles savent alléger leur faix, quand il excède leurs forces. Le taux réglementaire de 28^k,732, en campagne, nous semble une désirable limite à ce genre d'effort quotidien.

Il ne nous appartient pas de juger certains travaux d'instruction pratique auxquels on reproche de maintenir trop longtemps les hommes dans des attitudes gênées, rigides, défavorables à l'expansion thoracique. En attendant que des réformes s'opèrent dans ce domaine dévolu au commandement, l'hygiène se contente des correctifs qui ont déjà été apportés à l'éducation physique du soldat : la gymnastique avec ou sans machines, la danse, l'escrime, la natation, la musique vocale, divers jeux à l'air libre, le soumettent à une variété de mouvements qui profitent à tous ses muscles comme à l'ensemble de sa constitution.

Les changements de garnison, même alors qu'ils s'effectuent à de grandes distances, exercent généralement une influence salutaire sur la santé des troupes. Ces voyages sont réglés de manière à la ménager; les étapes, de longueur inégale, sont partagées par des jours de repos, par de petites haltes, sans compter la grande halte d'une heure pour le déjeuner; les gîtes sont bien choisis; les distributions s'y font exactement; des voitures suivent les colonnes pour recueillir les écloppés et les sacs des hommes fatigués; à l'arrivée, les malades, déjà visités en route, reçoivent des soins complets, et le médecin ne songe à lui-même qu'après avoir rempli ses devoirs envers eux, souvent au prix d'un grand supplément de fatigues. Ceux qui sont hors d'état de continuer le voyage sont envoyés dans les hôpitaux des villes situées sur le parcours du bataillon, car c'est par bataillon que le régiment se déplace. J'ai été souvent témoin, chemin faisant, de la sollicitude dont le commandement entoure les soldats en route et à l'arrivée aux gîtes, comme aussi de l'hospitalité cordiale qui les attend dans les plus humbles localités. Les chemins de fer prêtent aujourd'hui leur vitesse aux mouvements de la troupe, quand les circonstances l'exigent; mais ils ne possèdent pas un matériel approprié à ces transports collectifs, et la rapidité du voyage ne compense point pour elle les inconvénients d'un encombrement qui la réduit presque à l'inertie. Les étapes à pied l'emportent hygiéniquement sur tous les autres modes de locomotion, sans excepter l'embarquement sur les rivières et les fleuves ou sur mer. J'ai fait, en 1832, la traversée de Toulon à Ajaccio avec le 4e bataillon du 24e régiment de ligne, six jours de navigation à la voile; en 1854, j'ai fait, dans ce même laps de temps, le voyage de Marseille à Constantinople avec un bataillon du 2e léger à bord du vapeur *l'Alexandre*, et j'épargne à mes lecteurs le nauséeux récit de ces odyssées où l'agglomération joue son rôle connu. En septembre 1833, je fus embarqué à Lyon avec un bataillon du 11e de ligne sur un bateau plat du Rhône qui s'engrava dans le sable du fleuve, à la nuit tombante, non loin du Pont-Saint-Esprit; il fallut passer la nuit sur le Rhône, dans un épais brouillard.

Les mouvements périodiques des troupes pourraient se combiner, à leur grand avantage, avec les divers climats de la France, de manière à leur procurer des compensations hygiéniques, une heureuse alternance d'impressions du dehors : quoi de plus rationnel que d'envoyer dans un pays montagneux un régiment qui a vécu plusieurs années dans une région marécageuse? La saison opportune pour ces migrations comporte aussi une appréciation médicale. Au retour de l'Afrique, de la Syrie, du Mexique, des indications diverses se présentent pour la répartition des troupes à l'intérieur, suivant leurs antécédents morbides et les prédispositions qui en dérivent : nous nous bornons à mentionner ces desiderata dont la satisfaction s'obtiendrait, sans dépense ni conflit, par le concert toujours dévoué des compétences collectives dont dispose le ministre de la guerre. Faire entrevoir un progrès de plus, c'est en préparer l'accomplissement, dans la mesure que permettent des exigences souvent difficiles à concilier.

Les campagnes d'Orient, d'Italie, de Syrie, du Mexique ayant nécessité une longue série d'embarquements et de débarquements tant pour les divers personnels que pour les chevaux, les mulets, le bétail des parcs, le matériel de toutes armes, etc. l'administration militaire a puisé dans les relations qu'elle a eues avec la marine de guerre et les compagnies de transports maritimes une expérience étendue, minutieuse, variée, dont les résultats méritaient d'être discutés et conservés pour servir de guide dans les situations analogues de l'avenir. Le règlement sur le service des transports maritimes [1] ne laisse en litige ni à l'arbitraire aucune des nombreuses questions qu'il soulève; il suffit de feuilleter ce volumineux recueil pour avoir une idée de la complication des détails, de la multiplicité des conditions qui se rapportent à la matière dont il traite : que d'incidents à prévoir, que de stipulations à formuler, que de contrats à faire! — Le tout pour mettre l'ordre et la sécurité à la place des tiraillements et des conflits dans l'une des opérations qui intéressent le plus l'hygiène des troupes et la vie des malades. Le règlement dont il s'agit est sans contredit l'un des plus utiles de la collection préparée sous les auspices de M. le maréchal Randon.

IV

Et maintenant que nous avons terminé, dans l'ordre classique, cette revue sommaire des conditions hygiéniques où vit l'armée, des modificateurs qui agissent sur elle, il appartient au lecteur d'évaluer la part qui leur revient dans l'incontestable bienfait de la diminution de sa mortalité.

Rien de plus éclatant que ce bienfait.

Sur 180,000 malades admis dans les hôpitaux de la France, de l'Italie et de l'Algérie pendant les deux années 1863 et 1864, la proportion des décès a été de 20 pour 1,000. — Ce résultat honore le Gouvernement sous lequel il se produit pour la première fois. Quelque influence que l'on attribue à la composition actuelle de l'armée, il atteste en même temps l'incessante sollicitude du

[1] Imprimerie impériale, 1866.

Souverain pour la conservation et le bien-être des soldats; sa généreuse initiative s'est manifestée en leur faveur dans toutes les péripéties de leur existence en campagne comme en temps de paix. Le commandement, l'administration, le corps médical de l'armée, pénétrés de ses intentions, se sont appliqués à les traduire en réalités utiles, à concourir aux progrès dont nous avons essayé l'esquisse incomplète et qui se résument énergiquement dans le double fait d'un abaissement notable du nombre des maladies et du nombre des décès.

FIN.

www.ingramcontent.com/pod-product-compliance
Lightning Source LLC
Chambersburg PA
CBHW070936280326
41934CB00009B/1903